열려라, 뇌! 신비한 머리 속 이야기

초판 1쇄 발행 2008년 11월 25일
초판 13쇄 발행 2024년 11월 26일

지은이	● 임정은
그린이	● 김은주
펴낸이	● 염종선
책임편집	● 천지현
디자인	● 김성미
펴낸곳	● (주)창비
등록	● 1986. 8. 5. 제85호
제조국	● 대한민국
주소	● 10881 경기도 파주시 회동길 184
전화	● 031-955-3333
팩스	● 031-955-3399(영업) 031-955-3400(편집)
홈페이지	● www.changbikids.com
전자우편	● enfant@changbi.com

ⓒ 임정은, 김은주 2008
ISBN 978-89-364-4586-7　73470

*이 책 내용의 일부 또는 전부를 재사용하려면 반드시 저작권자와 창비 양측의 동의를 받아야 합니다.
*책값은 뒤표지에 표시되어 있습니다.
*KC마크는 이 제품이 공통안전기준에 적합하였음을 의미합니다.
*사용 연령: 5세 이상 *종이에 베이거나 긁히지 않도록 주의하세요.

과학과 친해지는 책 5

열려라, 뇌!
신비한 머리 속 이야기

임정은 글 | 김은주 그림
정재승 감수

창비

추천사

내 몸 안의 소우주 '뇌'를 탐험하다

내겐 지금도 잊혀지지 않는 '고통스러웠던 밤'의 기억이 있다. 초등학교 1학년 어느 무더운 여름, 방학을 맞아 시골에 계신 할머니 댁에 한 달 동안 놀러 간 적이 있다. 늘 함께 지내던 엄마의 품을 떠나 있었던 것이 어린 나이에 스트레스였는지, 어느 더운 밤 머리가 깨질 듯이 아파서 계속 울었다. 할머니는 내 옆에서 차가운 물수건을 이마 위에 갈아 주시며 이유 없이 두통에 시달리는 손자를 밤새 간호해 주셨다.

다음 날 병원에 찾아갔지만, 의사 선생님은 원인을 알 수 없다며 알약 몇 알만 내게 주셨다. 신경과에 찾아오는 환자의 절반이 두통 환자지만, 현대 과학은 우리가 왜 두통에 시달려야 하는지, 그것을 어떻게 치료할 수 있는지 그 해답을 아직 찾아내지 못하고 있다고 말씀하셨다. 아직 두통의 원인을 모른다고? 그때 나는 뇌가 얼마나 복잡한 기관인지 어렴풋이 짐작하게 됐다.

그로부터 10년 뒤, 할머니는 치매를 앓아 누우셨다. 병세가 한창 심해지셨을 때 할머니는 가족들도 알아보지 못하고 내게 "재승아, 아침밥 먹었나?"라는 말만 되풀이하셨다. 나는 할머니 옆에서 차가운 물수건으로 얼굴과 몸을 닦아 드리며, 기억을 하나둘씩 잃어 가는 할머니의 모습을 지켜봐야만 했다. 이때의 기억은 어린 시절 두통에 시달렸던 그날 밤보다 더 고통스러웠다.

할머니는 알츠하이머 치매에 다른 합병증까지 생겨 끝내 돌아가셨다. 나는 그로부터 10년 뒤에 알츠하이머병 환자의 대뇌를 조기에 진단하는 기술을 개발하는 연구로 박사 학위를 받았다. 이 기술을 좀 더 일찍 개발했다면 우리 할머니를 치료할 수 있었을까? 할머니가 앓으셨던 치매는 내게 '뇌가 인간에게 얼마나 중요한 기관인지' 절실히 깨닫게 해 주었다.

지금은 뇌를 연구하는 과학자지만, 나는 어렸을 때 뇌에 대해서 잘 몰랐다. 인간의 뇌는 어떻게 생겼으며, 뇌를 통해 우리는 어떻게 생각하고 감정을 갖게 되는지 배운 기억이 없다. 내 '마음'이 가슴에 있지 않고 뇌에 있다는 사실조차 제대로 인식하지 못했던 것 같다. 하지만 어른이 되고 보니 일찍부터 뇌의 존재를 인식하고 그 기능을 이해하는 것이 얼마나 중요한 것인가를 깨닫게 됐다. 뇌의 특징을 알고 나면 사람들이 왜 저런 행동을 하는지, 나는 앞으로 어떤 행동을 해야 하는지, 또 어떤 행동을 하지 말아야 하는지 등을 스스로 생각할 수 있게 된다.

그런 점에서 『열려라, 뇌! 신비한 머리 속 이야기』는 더없이 소중한 책이다. 이 책을 처음 받았을 때, 너무 반갑고 기쁜 나머지 단숨에 읽어 버렸다. 이 책은 어린이들도 이해할 수 있는 쉬운 언어로 뇌가 어떻게 생겼고, 어떻게 생각과 감정을 만들어 내는지, 또 치매나 스트레스와 같은 뇌 질환이 어떻게 발생하는지 친절하게 설명해 주는 책이다. 무엇보다도 저자가 어린이의 눈높이에 맞게 친근한 예제와 일상적인 일화 들을 많이 들고 있어서 쉽고 재미있게 읽을 수 있다. "우리는 왜 잠을 자야 하는 걸까?" "사이보그는 어떻게 만들 수 있을까?"처럼 평소 궁금한 질문들에 대해 친절하게 설명하고 있어 자꾸 다음 페이지로 눈이 간다. 이 책은 뇌의 구조와 기능에 대해 소개하고 있지만, 독자들은 이 책을 통해 뇌가 얼마나 경이롭고 매혹적인 기관인지 배우게 되는 것이다.

사실 뇌의 전두엽이 어디인지, 신경 세포 속의 수상 돌기는 무엇이며 축색 돌기의 역할이 무엇인지 아는 것은 전혀 중요하지 않다. 어려운 용어 때문에 뇌가 얼마나 경이롭고 신비로운 기관인지를 미처 깨닫지 못한다면 매우 가슴 아픈 일이다. 어린 독자들이 이 책을 통해 '내 몸 안의 소우주'라고 불리는 뇌가 얼마나 신기하고 놀라운 기관인지 조금이나마 알게 된다면, 뇌를 연구하는 과학자의 한 사람으로 더없이 기쁠 것이다.

영국의 신경 과학자 수잔 그린필드는 "뇌를 탐구하는 것은 나를 찾아가는 여행"이라고 했다. 내 뇌를 다른 사람의 것으로 바꾸면 '새로운 나'가 되는 것처럼, 내가 나인 이유는 바로 '나의 뇌' 때문이다. 뇌에 대한 이해가 깊어지면, 앞으로 우리는 "나는 누구인가?" "나의 생각과 행동은 어떻게 만들어지는가?"에 대해 놀라운 해답을 찾게 될 것이다. 현대 과학의 가장 중요한 숙제는 이 문제에 답하는 것이다. 이 책을 통해 어린이들이 "나는 누구인가?" 그리고 "나의 뇌는 다른 사람의 뇌와 무엇이 다른가"에 대해 진지하게 생각해 볼 기회를 갖게 된다면, 이 책은 제 몫을 다 한 것이리라.

2008년 11월에
정재승

추천사 내 몸 안의 소우주 '뇌'를 탐험하다 ● 4

"뇌, 돌기를 뻗치다"

1부. 관심 갖기

01 오징어는 뇌가 있을까? 프롤로그 ● 12

02 돌 머리라고? 남의 속도 모르고 머리뼈 헬멧 ● 16

03 지미 뉴트론의 천재 기계 뇌 크기와 지능 ● 21

04 우리 뇌의 10퍼센트도 채 못 쓰고 죽는다고? 일하는 뇌 ● 25

05 내 머리 속의 별난 일꾼 신경 세포 ● 33

신비한의 이야기 하나 · 돌 머리야, 돌 머리 ● 40

"뇌, 너를 몰라봤다"

2부. 이해하기

06 심장이 곧 마음이라고? 뇌와 마음과 나 ● 44

07 마음이 펼쳐지는 자리 감정의 뇌 ● 52

08 의심하라, 눈으로 보는 세상 착각하는 뇌 ● 58

09 김유신과 천관녀의 사랑 의식과 무의식 ● 64

10 공부를 잘하고 싶어요 기억하는 뇌 ● 70

11 열심히 일한 뇌, 좀 쉬어라! 꿈꾸는 뇌 ● 79

신비한의 이야기 둘 · 가도 가도 그 자리 ● 86

차례

"뇌, 위기를 만나다"

12 살 빼기는 힘들어 **비만** ● 90

13 적당한 스트레스는 약 **스트레스** ● 96

14 홀리면 '홀릭' 된다 **중독** ● 102

15 어느 할머니 이야기 **치매** ● 108

16 챔피언이 남긴 크리스마스 선물 **뇌사** ● 114

신비한의 이야기 셋 · 잠수복과 나비 ● 120

"뇌, 미래를 그리다"

17 체스 챔피언, 컴퓨터와 맞서다 **인간 대 컴퓨터** ● 126

18 사이보그가 된 과학자 **사이보그** ● 132

19 뇌 속으로 로그인 **뇌가 그리는 세상** ● 139

20 뇌야, 친구하자 **에필로그** ● 145

작가 후기 ● 150

참고 자료 ● 152

9

1부 관심 갖기

"뇌, 돌기를 뻗치다"

1부 관심 갖기

12

01 _ 프롤로그
오징어는 뇌가 있을까?

초등학교 5학년 때의 일입니다.

"오징어는 뇌가 어디에 있어?"

초등학교 3학년인 사촌 동생이 물었습니다. 동생 앞에 펼쳐진 책에는 오징어가 바닷속을 헤엄치는 사진이 있었지요.

"저 커다란 부분이 머리가 아니고 몸통이라며. 그럼 오징어는 뇌가 없는 거야?"

동생의 질문에 잠시 이리저리 머리를 굴려 보았습니다.

'당연히 있지.'라고 대답하려다 보니, 정말 그런가 싶었습니다. 엄마가 시장에서 물오징어를 사다가 오징어 볶음을 만들던 모습을 떠올려 보았습니다. 오징어를 씻고, 껍질을 벗기고, 내장을 버리고, 다리의 빨판을 긁어내고…… 그런데 뇌처럼 생긴 것을 본 기억은 없습니다. 아무래도 뇌가 없는 게 아닐까요?

그렇다고 해서 '뇌가 없나 봐.'라고 대답하려니 그것도 말이 안 되는 것 같았습니다. 오징어가 식물도 아니고, 먹이를 잡아먹고 움직이려면 뇌가 있어야 할 텐데 말이에요.

내가 고개만 갸우뚱거리고 우물쭈물하니까 동생이 얼른 되물었습니다.

"오징어는 정말 뇌가 없는 거야? 그럼 뇌도 없이, 아무 생각 없이 그냥 막 떠다니는 거야?"

'아무 생각 없는 오징어'라고?

우리는 그 말이 재미나서 한참을 킥킥거렸습니다. 오징어한테 조금 미안하기는 했지만요.

그때부터 나는 '뇌'에 관심이 생겼습니다. 나는 뇌를 연구하는 전문가는 아니라서, 뇌에 관해 아주 깊이 알거나 많이 알지는 못합니다. 학교에 다닐 때 특별히 생물 과목을 잘했던 것도 아니고요. 그저 여러

분보다 조금 일찍 뇌에 관해 호기심을 느꼈을 뿐이지요. 또 뇌 과학을 다룬 신문 기사를 눈여겨보거나 책을 찾아 읽기도 하면서 줄곧 관심을 가져 왔답니다.

지금도 많은 과학자들이 뇌에 대해 더 알고 싶어서 열심히 연구하고 있어요. 하지만 전문가들이 쓴 책을 읽다 보면, 우리는 아직도 뇌를 잘 모른다는 것을 확인하게 됩니다. 해부학자도, 신경 생리학자도, 외과 의사도, 우리의 생각이나 감정이 뇌 어디에서 생겨나는지 속 시원하게 알려 주지 못하지요. 오랫동안 연구하고 실험한 끝에 뇌의 '일부'는 알게 되었지만, 뇌 '전부'를 알지는 못해요. 그만큼 뇌는 놀랍도록 복잡하고 신비로워요.

우리의 몸과 마음을 움직이는 뇌의 세계를 들여다보는 일은, 밤하늘을 올려다보며 우주를 생각하는 것만큼이나 멋진 일이지요. 더구나 우리 자신의 '뇌'를 써서 '뇌'를 연구한다는 것은, 자기 자신에게 한 걸음 더 나아가는 일인지도 모릅니다. 자기 자신을 제대로 알면 세상을 더 잘 이해할 수 있겠지요.

참, 그런데 오징어는 정말 뇌가 없냐고요?

설마요. 당연히 있지요. 생선 가게나 집에서 어른들이 오징어를 손질할 때 잘 살펴보세요. 오징어의 몸통과 두 눈 사이쯤에 조그맣고 거무스름한 덩어리가 있는데, 그게 바로 오징어의 뇌예요.

오징어는 뇌가 아주 작아서 먹이를 잡거나 위험에서 몸을 피하는 정도의 본능적인 활동만 할 수 있대요. '오늘은 학교에 가기 싫은데, 배가 아프다고 거짓말을 할까?' '밸런타인데이에 누구한테 초콜릿을 줄까?' 같은 생각은 못 하고요.

그래도 뇌는 뇌니까 무시할 수 없어요. 오징어가 눈앞에 지나가는 먹이를 잽싸게 낚아채는 모습을 보면, '아무 생각 없는 오징어'라고 놀리기는 힘들걸요? 오징어는 오징어가 살기에 알맞은 뇌를 가졌고, 사람은 사람에 알맞은 뇌를 가진 것뿐이지요.

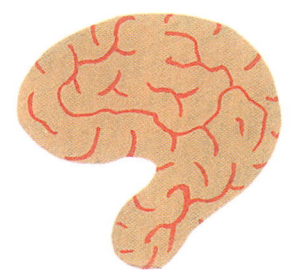

1부 • 관심 갖기

02 _ 머리뼈 헬멧

돌 머리라고? 남의 속도 모르고

혹시 이 책을 읽는 사람들 가운데 머리 속에 뇌가 없는 사람 있나요? 있으면 손들어 볼래요?

음, 썰렁하다고 돌 던지는 소리가 들리네요. 그래요, 뇌가 없는 사람은 없지요. 적어도 살아 있는 사람이라면 말이에요.

그런데 뇌가 없다고 박박 우기면서 손을 드는 사람도 있네요. 자, 뇌가 없다면 이 책을 읽을 수도 없고, 그러니 손을 들라는 명령을 받을 수도 없고, 또 손을 들 수도 없어요. 손을 들었다는 건 뇌가 있다는 뜻이니까 그만 우기는 게 어때요?

그럼 썰렁한 농담은 그만두고 하려던 이야기로 돌아가 보지요.

뇌가 머리 속에 있다는 것은 다 알지요? 머리를 콩콩 두드려 보세요. 너무 세게 치지는 말고요. 딱딱한 바가지 같은 게 느껴지지요. 만화나 영화에서 보면 해적선 깃발에 무시무시한 해골이 그려져 있지요? 그게 바로 머리뼈예요. 과학자들은 보통 한자어로 '두개골(頭蓋骨)'이라고 하지요. '머리를 덮은 뼈'라는 뜻이에요.

참, 과학자나 의사 들이 쓰는 말은 한자어나 외국어가 아주 많아요. 특히 뇌에 관한 용어들은 우리 같은 보통 사람들에게 잘 알려져 있지 않아서 더욱 낯설고 어렵게 느껴져요. 하지만 그런 것에 주눅 들지 않아도 돼요. 어려운 말을 만나도 끈기 있게 그 뜻을 파헤치면 곧 이해할 수 있지요. 그러다 보면 우리도 어렵게만 보이는 뇌의 세계로 점점 깊이 들어갈 수 있을 거예요.

다시 우리 머리뼈를 한번 만져 봅시다. 머리뼈는 팔다리나 갈비뼈처럼 가늘고 긴 모양이 아니라 둥그런 헬멧처럼 생겼어요. 또 빈틈없이 매끄럽고 꽤 단단해요. 옛날 옛적 신라의 원효 대사가 컴컴한 밤에 해골에 고인 썩은 물을 시원한 약수로 잘못 알고 마셨다는 이야기, 들어 본 적 있죠? 아주 캄캄할 때는 해골을 바가지로 착각할 만큼, 머리

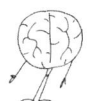

뼈는 속이 텅 비어 있어요. 그 속에 우리 뇌를 담아야 하니까요.

그런데 이렇게 빈틈없이 매끄러워 보이는 머리뼈도, 사실은 이음새 없이 하나로 된 뼈가 아니랍니다. 모두 스물세 개나 되는 뼈가 서로 잘 맞물려 있어요. 이렇게 여러 조각으로 나뉘어 있어서 더 튼튼하고 힘이 있는 거예요. 그래서 우리 몸에서 가장 소중한 부분인 뇌를 잘 지킬 수 있어요.

머리뼈가 태어날 때부터 이렇게 딱 맞물려 있는 것은 아닙니다. 엄마 배 속에 있는 아기의 머리뼈는 조금씩 틈이 벌어져 있어요. 이것도 다 이유가 있지요. 아기집에서 아기가 밖으로 나오는 길은 아주 좁거든요. 그 좁은 길을 조금이라도 더 쉽게 빠져나오기 위해 머리뼈가 벌어져 있는 것입니다.

그래서 아기의 머리뼈에는 태어나서도 한참 동안 틈새가 있어요. 아기가 숨을 쉴 때마다 정수리 쪽에 오르락내리락하는 데가 보이지요. 여기를 '숫구멍'이나 '숨구멍'이라고 합니다. 갓난아기는 워낙 조심조심 다루어야 하지만, 특히나 이 숫구멍이 있는 데는 건드리지 않도록 조심해야 해요. 그 물렁물렁하고 연약한 피부 아래에 바로 뇌가 있으니까요. 숫구멍은 아기가 태어난 지 두 달 정도가 되면 닫히기 시작해서 두 살이 되기 전에 다 메워진답니다. 여러분의 머리뼈도 그렇게 해서 지금처럼 단단해진 거고요.

머리뼈 헬멧

누군가 여러분의 머리에 알밤을 딱 먹이면서 돌 머리라고 놀리면 이렇게 얘기하세요.

"쳇! 머리뼈가 단단한 건 당연하잖아. 내 천재적이고 똑똑한 뇌를 보호하려면 말이야!"

그럼 머리뼈 안에 바로 뇌가 있을까요? 그렇지 않아요. 뇌는 여러 겹의 막으로 포장되어 있어요. 무려 세 겹이나 되지요. 그뿐이 아닙니다. 머리뼈와 뇌 사이에는 뇌척수액이라는 투명한 액체가 채워져 있어요. 액체 속에 뇌가 떠 있으면 머리가 충격을 받을 때 조금이라도 그 충격을 덜 수 있지요.

굳고 단단한 머리뼈와 뇌척수액에다 세 겹의 막까지. 이렇게 겹겹

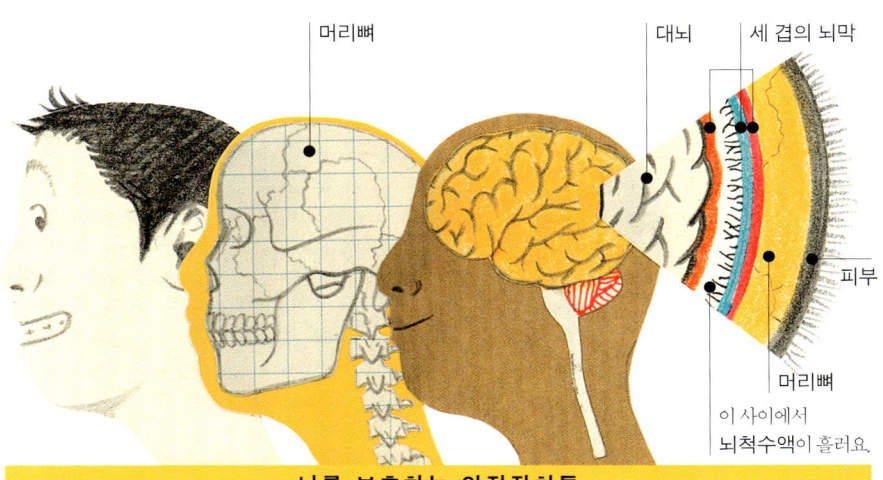

뇌를 보호하는 안전장치들

이 안전장치가 되어 있는 것은 그만큼 뇌가 중요하다는 뜻이에요. 그래도 만에 하나 큰 사고가 나면 이런 안전장치로도 부족할 수 있어요. 그래서 인라인스케이트나 자전거를 타기 전에는 머리에 꼭 헬멧을 써야 하지요. 손목, 팔꿈치, 무릎에 보호대를 차는 것도 잊지 말고요.

03_ 뇌 크기와 지능

지미 뉴트론의 천재 기계

톡 튀어나온 앞짱구에 아이스크림콘처럼 멋을 내어 올린 머리. 이 친구 이름은 지미 뉴트론입니다. 인기 만화 영화의 주인공이지요. 지미는 레트로빌 마을에 사는 과학 천재예요. 언제나 실험실에서 엉뚱한 발명품을 만들어 내지요. 어느 날인가는 '천재 기계'를 만들어 냈어요. 공부에 별 관심이 없던 친구 쉰이 시험을 잘 볼 수 있게 머리가 좋아지는 기계를 만들어 달라고 부탁했거든요. 지미는 자기 발명품에 쉰을 앉히고 쉰의 지능이 높아지게 합니다. 그렇게 해서

쉰은 빵점 대장에서 우등생으로 변신하지요. 그런데 문제가 생겼어요. 쉰의 머리가 풍선처럼 점점 부풀어 오르더니, 마침내 광고용 풍선처럼 엄청나게 커졌어요. 그리고 쉰은 이제 그냥 머리가 좋은 정도가 아니라, 지미와 맞설 만큼 엄청난 천재가 되었지요. 쉰은 제멋대로 못된 기계를 만들어 마을을 쑥대밭으로 만들어 버려요.

이 만화에서처럼, 천재는 머리, 그러니까 뇌가 보통 사람보다 클까요? 뇌가 부풀어 올라 머리가 커지면 지능도 높아질까요?

다른 동물과 사람 뇌의 크기를 비교해 봐요. 그림에서 보듯이 사람의 뇌가 침팬지나 쥐의 뇌보다 더 크지요. 그렇다면 뇌가 클수록 지능이 높다는 말은 그럴듯해 보입니다.

하지만 사람 뇌는 코끼리 뇌보다 작습니다. 크기는 물론이고 무게

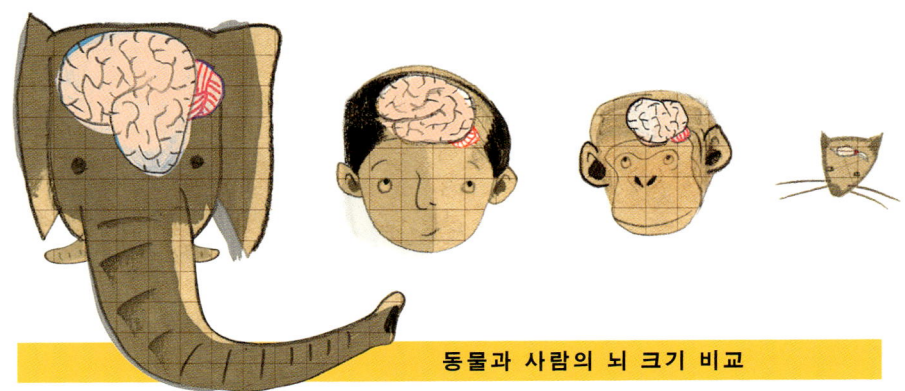

동물과 사람의 뇌 크기 비교

를 따져 봐도 사람 뇌는 코끼리나 고래의 뇌를 당할 수 없어요. 사람 뇌는 어른 것이 1.2~1.4킬로그램 정도 됩니다. 코끼리 뇌는 4킬로그램이 넘고, 고래의 뇌는 9킬로그램 정도 나가요. 그럼 코끼리가 사람보다 지능이 더 뛰어나다고 할 수 있나요? 글쎄요, 선뜻 그렇다고 하기는 자신이 좀 없지요?

그런데 전체 몸무게에서 뇌가 차지하는 무게의 비율을 따지면 이야기는 달라져요. 어떤 동물도 인간을 따를 수 없지요. 사람의 평균 몸무게를 70킬로그램으로 잡으면, 뇌 무게 1.4킬로그램은 몸무게에서 50분의 1을 차지해요. 코끼리의 뇌 무게 4킬로그램은 8톤쯤 되는 코끼리의 몸무게에서 2000분의 1을 차지하고요. 고래의 뇌 무게도 전체 몸무게의 2000분의 1 정도랍니다. 그러니까 몸에서 뇌가 차지하는 비율은 사람이 훨씬 더 크다는 뜻이지요. 물론 각각의 종류와 암수에 따라 몸무게 차이가 많이 나므로 이 비율은 조금씩 다를 수 있지만, 이러한 결과는 변함없어요.

게다가 우리 뇌는 엄청난 먹보예요. 뇌 무게는 몸무게의 50분의 1만 차지하지만, 우리 몸이 쓰는 에너지의 5분의 1, 우리가 마시는 산소의 5분의 1을 뇌 혼자서 다 쓴답니다. 그러니 여러분이 가만히 앉아서 공부만 해도 배가 고파지는 것은 다 이유가 있지요. 그렇다고 뇌 핑계를 대고 앉아서 먹기만 하면 안 돼요! 뇌가 쓰고 남은 에너지가

그대로 다 뱃살로 가 버릴지도 모르니까요.

다시 아까 한 질문으로 돌아가 보지요. 천재는 정말 뇌가 클까요?

역시 뇌가 크거나 무겁다고 해서 머리가 좋은 것은 아니에요. 상대성 이론을 정리한 천재 물리학자 아인슈타인의 뇌도 무게만 따지면 작은 편에 속한대요. 아인슈타인이 죽은 뒤, 사람들은 천재의 비밀을 밝히려고 그의 뇌를 따로 보관했어요. 하지만 아직도 그의 남다른 창의성과 지성이 어디서 나왔는지 딱 부러지게 밝히지는 못했어요. 아인슈타인의 뇌는 신비한 비밀을 간직한 채 여러 조각으로 나뉘어 유리병 속에 보관되고 있답니다. 더 심한 경우도 있어요. 아나톨 프랑스라는 사람은 노벨 문학상을 받은 프랑스의 천재 작가인데, 뇌 무게가 보통 사람의 3분의 2밖에 안 되었대요.

그런데 여러분이 한 가지 알아 두었으면 하는 게 있어요. '동물과 사람' '남자와 여자'처럼 다른 종이나 다른 성별끼리 비교하는 것이 아니라 같은 종의 같은 성별끼리 비교하면, 이야기가 조금 달라지거든요. 우리 사람들, 그중에서도 남자는 남자끼리, 여자는 여자끼리 비교해보면, 뇌가 크면 지능도 높은 경향이 있다고 합니다. 하지만 모든 천재가 머리가 큰 것도 아니고, 머리가 크다고 모두 지능이 높지도 않아요. 그냥 '어느 정도' 상관있다는 이야기예요.

04 _ 일하는 뇌

우리 뇌의 10퍼센트도 채 못 쓰고 죽는다고?

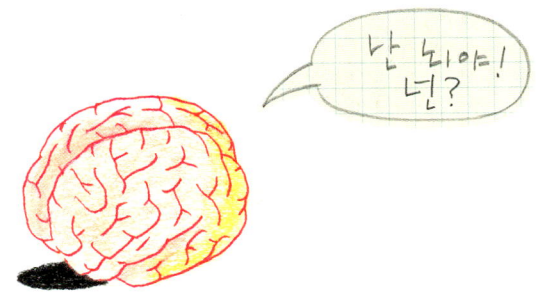

자, 이제 우리 뇌를 찬찬히 들여다봅시다. 사람의 뇌는 어떻게 생겼을까요? 사실 이런 질문을 받으면 어떻게 대답을 할지 잠시 망설여집니다. 그 쭈글쭈글한 모양을 대체 뭐라고 표현해야 할까요?

아, 맞아요. 뇌는 호두 속을 닮았어요. 딱딱한 껍질을 반으로 똑 가르면 나오는 고소한 호두 속과 꽤 비슷하지요. 겉에 꼬불꼬불한 홈이 보이고, 오른쪽과 왼쪽으로 나뉘어 있는 것도 호두랑 비슷해요. 뇌의 색깔은 분홍빛이 살짝 돌고, 만지면 젤리처럼

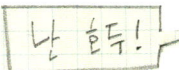

1부 ● 관심 갖기

★뇌의 구조와 하는 일

대뇌
뇌에서 가장 커다란 부분을 차지하며, 왼쪽과 오른쪽으로 나뉘어 있습니다. 각각이 공을 반으로 가른 모양(반구)으로 생겼지요. 두 반구는 뇌량으로 이어져 있어요. 뇌량은 대뇌 왼쪽과 오른쪽을 잇는 다리와 같아요. 그림에서는 오른쪽 반구만 보입니다. 보고 듣고 냄새와 맛을 느끼는 것 같은 감각과, 생각하고 말하고 기억하는 것처럼 수준 높은 사고를 담당합니다. 인간을 인간답게 하는 게 바로 대뇌라고 할 수 있지요.

대뇌 겉질
대뇌의 한 부위로, '대뇌 피질'이라고도 합니다. 대뇌 반구의 겉을 덮고 있으며, 신경 세포가 빽빽하게 모여 있습니다. 두께는 1.5~4.5밀리미터고, 주름을 다 펴면 신문지 한 면 정도의 크기가 나옵니다.

일하는 뇌

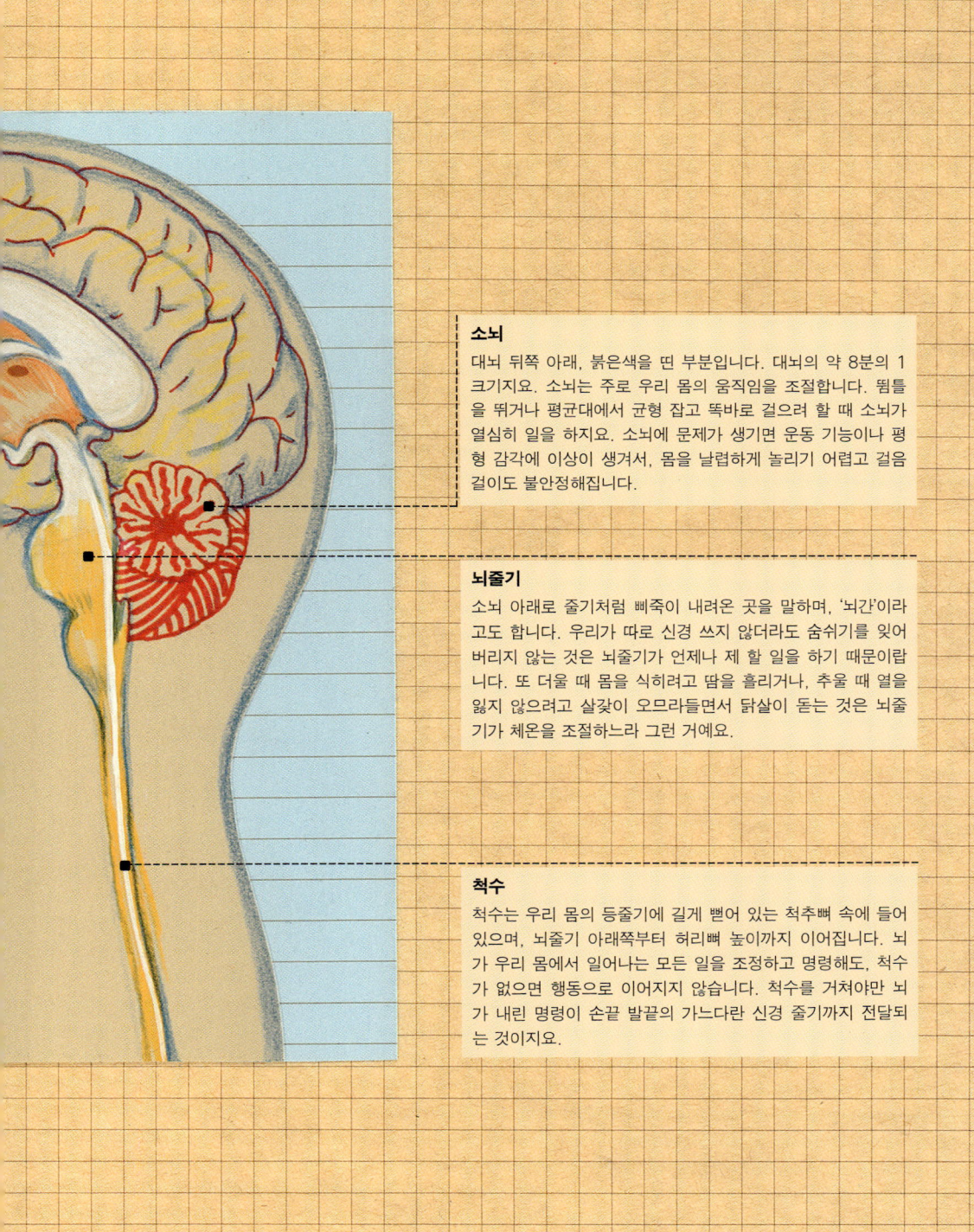

소뇌
대뇌 뒤쪽 아래, 붉은색을 띤 부분입니다. 대뇌의 약 8분의 1 크기지요. 소뇌는 주로 우리 몸의 움직임을 조절합니다. 뜀틀을 뛰거나 평균대에서 균형 잡고 똑바로 걸으려 할 때 소뇌가 열심히 일을 하지요. 소뇌에 문제가 생기면 운동 기능이나 평형 감각에 이상이 생겨서, 몸을 날렵하게 놀리기 어렵고 걸음걸이도 불안정해집니다.

뇌줄기
소뇌 아래로 줄기처럼 삐죽이 내려온 곳을 말하며, '뇌간'이라고도 합니다. 우리가 따로 신경 쓰지 않더라도 숨쉬기를 잊어버리지 않는 것은 뇌줄기가 언제나 제 할 일을 하기 때문이랍니다. 또 더울 때 몸을 식히려고 땀을 흘리거나, 추울 때 열을 잃지 않으려고 살갗이 오므라들면서 닭살이 돋는 것은 뇌줄기가 체온을 조절하느라 그런 거예요.

척수
척수는 우리 몸의 등줄기에 길게 뻗어 있는 척추뼈 속에 들어 있으며, 뇌줄기 아래쪽부터 허리뼈 높이까지 이어집니다. 뇌가 우리 몸에서 일어나는 모든 일을 조정하고 명령해도, 척수가 없으면 행동으로 이어지지 않습니다. 척수를 거쳐야만 뇌가 내린 명령이 손끝 발끝의 가느다란 신경 줄기까지 전달되는 것이지요.

물렁물렁한 느낌이 난다고 하네요.

앞서 말했듯이 뇌는 머리 꼭대기에 자리 잡은 채 보호막으로 겹겹이 둘러싸여 특별 대접을 받고 있는데, 그만큼 중요한 일을 하긴 하는 걸까요? 우리에게는 왜 뇌가 있을까요? 사람은 왜 뇌를 그렇게 복잡하고 치밀하게 발달시켰을까요?

그것은 우리 인간이 동물이기 때문입니다. 식물은 먹을 것을 구하러 돌아다니지 않아요. 햇빛과 물, 이산화탄소를 가지고 스스로 양분을 만들지요. 하지만 동물은 움직여서 먹을 것을 구해야 해요. 침팬지가 바나나를 따서 먹거나, 개구리가 긴 혀로 파리를 덥석 잡아먹는 것처럼 말이에요.

그런데 자연에서 먹이를 구하는 일은 그리 쉽지 않아요. 자연 탐사 프로그램 같은 데에서 볼 수 있듯이, 동물은 하루의 대부분을 먹이를 구하는 데 쓰고, 새끼를 낳아 기르는 데 일생을 바칩니다. 부엉이가 조그만 쥐를 낚아채기 위해, 개구리가 파리 한 마리를 삼키기 위해 얼마나 애를 써야 하는지 모릅니다. 영양은 사자에게 잡아먹히지 않으려고 목숨을 걸고 도망치고, 사자는 목숨 걸고 도망치는 영양을 잡으려고 최선을 다해 뛰어야 합니다. 물론 동물원에 있는 사자는 그럴 필요가 없겠지만요.

여기 배고픈 호랑이가 한 마리 있어요.

일하는 뇌

이렇게 해서 호랑이는 사냥한 토끼를 맛있게 먹습니다. 이때 호랑이가 토끼를 잡는 데 필요한 감각과 움직임은 모두 뇌의 명령에 따른 것입니다. 털 가닥 사이를 간질이는 바람을 느끼고(**촉각**), 토끼 냄새를 맡고(**후각**), 토끼가 바스락거리는 소리를 듣고(**청각**), 토끼가 어디에 있는지 확인합니다(**시각**). 호랑이는 피부, 코, 귀, 눈으로 이 감각들을 받아들이지요.

감각 기관을 통해 받아들인 냄새나 소리 같은 정보는 말초 신경을 지나 척수를 거쳐 뇌에 모이지요. 이렇게 동물의 몸 안팎에서 일어나는 자극을 전달하고 반응을 일으키는 기관들을 일컬어 '신경계'라고 해요. 정보를 받은 뇌는 그제야 느껴요. '아, 바람이 부는구나.' '맛 좋은 냄새가 나는구나.' 하고요.

정보를 모으고 받아들인 뇌가 이번에는 호랑이의 힘줄과 뼈에 명령을 내립니다. 먹이를 잡아먹기 위해 가까이 다가가라고요. 뇌에서 내려온 정보는 아까와는 반대로 척수를 거쳐 말초 신경으로 전해져서, 온몸의 근육과 힘줄을 움직입니다. 그리고 거의 동시에 뇌는 토끼를 잡기 위해 복잡하고 정교한 작전을 짭니다. 오른쪽 큰 바위로 몸을 가리고, 토끼가 자신의 냄새를 맡지 못하게 바람에 맞선 쪽으로 다가가는 게 좋겠다고 말이지요.

사실 호랑이는 앞의 만화에 나오듯이 말로 표현할 수 있는 '생각'

을 하지는 않습니다. 호랑이가 먹잇감을 사냥하는 일은 거의 본능적으로 이루어지지요. 사람은 그보다 훨씬 더 복잡하게 생각하고 행동합니다. 사람의 뇌는 호랑이의 뇌보다 훨씬 발달되어 있으니까요. 하지만 같은 포유동물로서, 뇌를 비롯한 신경계의 작용은 얼추 비슷하지요.

그런데 놀라운 사실이 있어요. 뇌에는 이처럼 눈이나 코나 귀 등으로 들어온 정보를 처리하는 자리가 각각 따로 있다는 거예요.

이것은 뇌가 우리 몸속의 다른 기관과 가장 다른 점이지요. 우리 몸에서 가장 큰 장기인 간은 전체의 70퍼센트를 도려내도, 시간이 지나

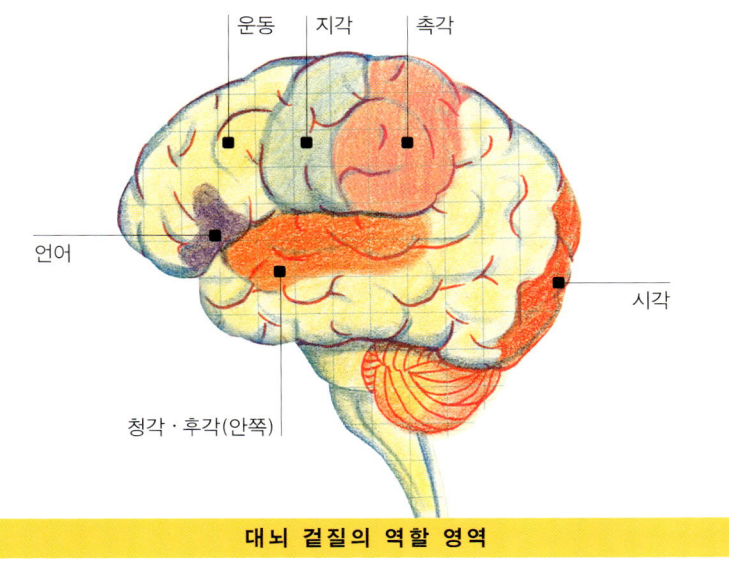

대뇌 겉질의 역할 영역

면 우리 몸속의 독소를 없애는 등의 기능을 정상적으로 해냅니다. 어느 자리건 같은 기능을 하고 있기 때문이에요. 하지만 뇌의 일부를 도려낸다면? 없어진 부분이 담당했던 일을 그 옆의 영역이 대신한다고 해도 온전히 해내지는 못해요. 한계가 있지요. 결국 우리는 전처럼 정상적인 생활을 할 수 없어요.

그러니 사람은 죽을 때까지 자기 뇌의 10분의 1도 채 못 쓰고 죽는다는 말은 틀린 표현이에요. 우리는 뇌 전체를 골고루 쓰다가 죽지요. 우리가 '생각 없이' 행동한다고 할 때조차 뇌의 다양한 부분이 활발하게 움직인답니다.

05_ 신경 세포
내 머리 속의 별난 일꾼

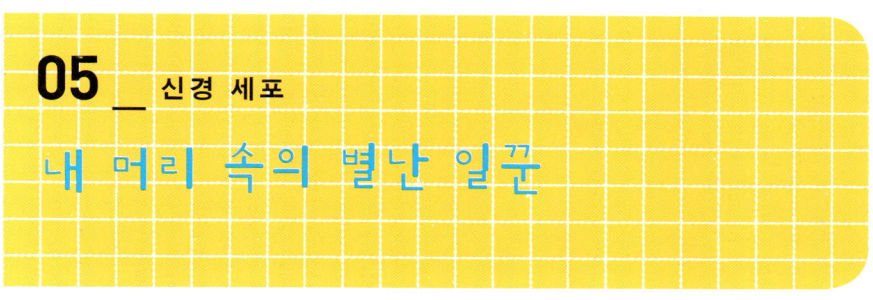

"신경 건드리지 마, 제발."

"자꾸 신경 긁을래?"

뭔가 안 좋은 일이 자주 일어날 때, 몸이 아프거나 피곤할 때, 신경이 예민해지지요. 나 혼자 책상에 앉아 있을 때 문 쪽에서 부스럭부스럭 소리가 나면, 뒤에 아무것도 없는데 왠지 신경이 쓰입니다.

신경을 건드리다, 신경이 날카롭다, 신경 쓸 일이 많다, 신경이 무디다, 신경질 나다…… 여러분은 이런 말을 많이 들어 보았고, 무슨

뜻인지도 잘 알 거예요.

우리가 누군가에게 전화를 거는 이유는 전할 말이 있기 때문이지요. 친구에게 전화를 걸어 생일잔치에 오라고 초대를 하거나, 회사에 있는 엄마에게 퇴근길에 맛있는 음식을 사 오라고 부탁하기도 해요. 이렇게 우리가 전화로 주고받는 내용을 '메시지' 또는 '정보'라고 합니다.

이 메시지가 제대로 전달된다면, 그걸 받는 사람은 뭔가가 달라져요. 건우 친구는 건우 생일 날짜를 알게 되고, 엄마는 딸이 특별한 음식을 먹고 싶어 한다는 것을 깨닫지요. 그러면 그 사람은 어떤 행동을 해요. 건우 친구는 건우 생일잔치에 가고, 엄마는 퇴근길에 딸이 좋아하는 빵을 사다 주지요.

이처럼 우리 몸 각 부분과 뇌도 늘 메시지를 서로 주고받아요. 전화로 오래 수다 떠는 친구 사이처럼 말이에요. 먼저 전화를 거는 쪽은 어디냐고요? 그건 그때그때 달라요.

전화와 신경계가 비슷한 점이 한 가지 더 있는데, 바로 전기가 필요하다는 것입니다. 집 전화는 전화선에서 전기가 흘러 들어오고, 휴대 전화는 이동 통신망의 전파가 흐르면서 다른 전화기와 정보를 주고 받아요. 다시 말해 전기 신호가 있어야 전화를 걸거나 받을 수 있어요. 그런데 뇌와 신경계도 전기 신호로 서로 연락을 한대요.

뇌 안에서 찌릿찌릿한 전기가 흐른다니, 신기하지요?

식물이든 동물이든 모든 생물체는 세포로 되어 있어요. 세포 하나하나는 무지무지 작지만, 그 작은 세포가 수없이 모여서 몸을 이루는 거예요. 마찬가지로 뇌를 비롯한 신경계의 가장 작은 단위는 신경 세포예요. 신경 세포는 생김새가 아주 재미있어요. 해파리 같기도 하고 외계인 같기도 하지요. 길이도 다양한데, 긴 것은 1미터가 넘어요. 세포 하나의 길이가 이렇게 길다니, 정말 놀랍지요?

사람의 대뇌 겉질에는 신경 세포가 무려 천억 개 정도가 있대요. 너무 많아서 과학자들도 확실하게 얼마라고 딱 잘라 말하지 못하는 것 같아요. 사실 다 셀 수도 없고요. 신경 세포 하나하나를 나무로 본다면, 그 모습은 마치 아마존의 열대 우림 같을 거예요. 아니, 그보다 훨씬 더 빽빽하고 촘촘하겠지요.

신경 세포가 정보를 주고받는 속도는 엄청나게 빨라요. 한 시간에 300킬로미터를 갈 수 있을 정도니까요. 확 뚫린 고속도로를 달리는 자동차의 빠르기가 보통 시속 100킬로미터 정도예요. 또 뛰어난 강속구 투수가 던지는 야구공의 속도가 시속 150~160킬로미터쯤 되지요. 눈 깜짝할 사이에 투수의 손을 떠나 포수의 글러브로 빨려 들어가는 야구공을 보면 절로 혀를 내두르며 감탄하게 돼요. 그러니 시속 300킬로미터가 얼마나 빠른지 대충 짐작이 가지요?

★ 신경 세포의 구조와 하는 일

신경 세포

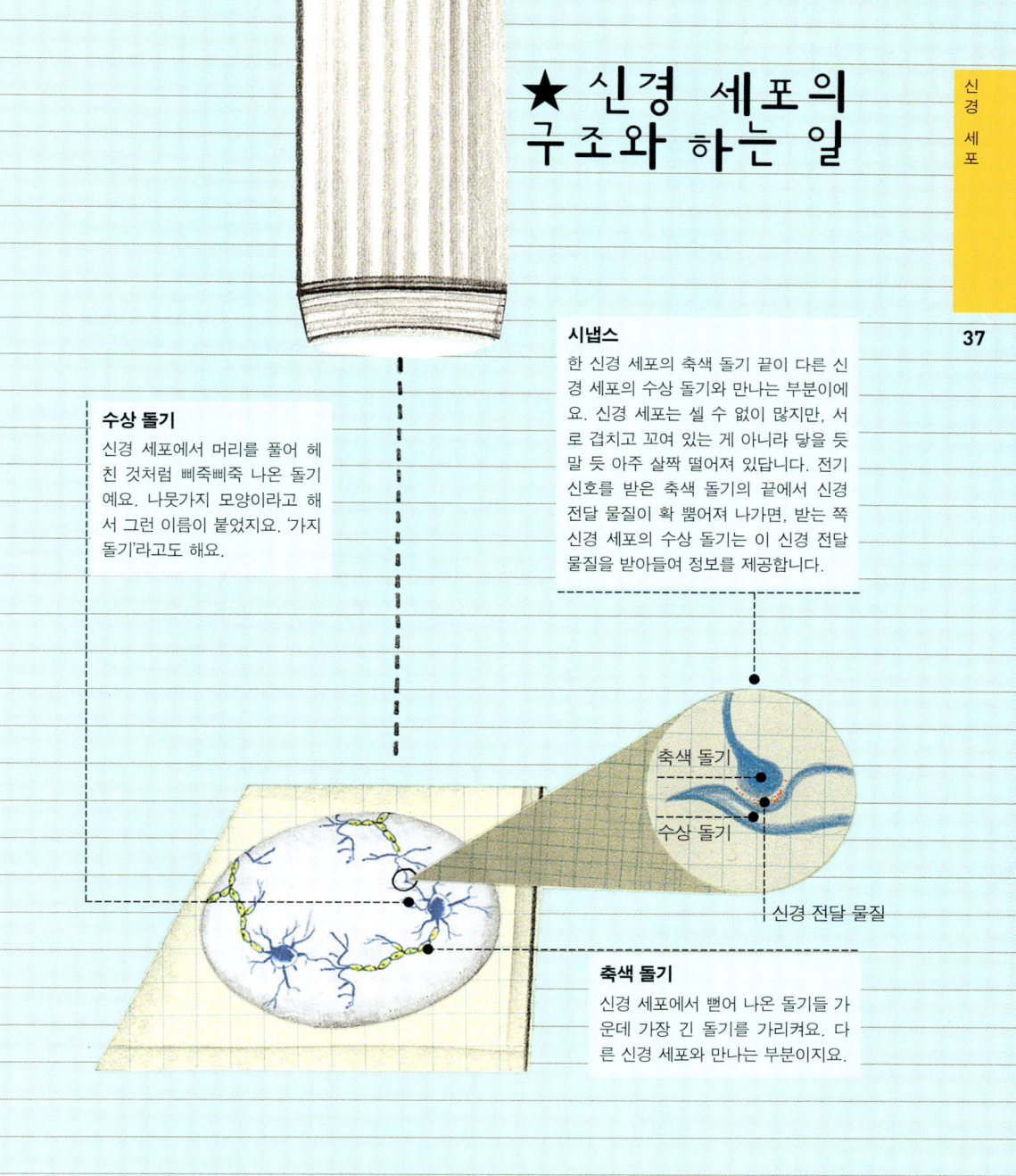

시냅스
한 신경 세포의 축색 돌기 끝이 다른 신경 세포의 수상 돌기와 만나는 부분이에요. 신경 세포는 셀 수 없이 많지만, 서로 겹치고 꼬여 있는 게 아니라 닿을 듯 말 듯 아주 살짝 떨어져 있답니다. 전기 신호를 받은 축색 돌기의 끝에서 신경 전달 물질이 확 뿜어져 나가면, 받는 쪽 신경 세포의 수상 돌기는 이 신경 전달 물질을 받아들여 정보를 제공합니다.

수상 돌기
신경 세포에서 머리를 풀어 헤친 것처럼 삐죽삐죽 나온 돌기예요. 나뭇가지 모양이라고 해서 그런 이름이 붙었지요. '가지 돌기'라고도 해요.

축색 돌기

수상 돌기

신경 전달 물질

축색 돌기
신경 세포에서 뻗어 나온 돌기들 가운데 가장 긴 돌기를 가리켜요. 다른 신경 세포와 만나는 부분이지요.

우리가 손으로 뜨거운 것을 만졌다고 해 봐요. 아마 깜짝 놀라서 곧바로 손을 뗄 거예요. 우리 몸속의 신경 세포들이 재빨리 전기 신호를 주고받기 때문입니다. 이 신경 세포들이 손끝에서 느껴진 뜨겁다는 감각을 뇌에 전달하고, 뜨거우니까 손을 떼라는 뇌의 명령을 팔 근육에 전한 것이지요. 놀랄 만큼 빠른 속도로 말이에요. 만약 신경 세포의 정보 전달 속도가 느리다면 어떻게 될까요? 우리 손은 어찌해 볼 새 없이 끔찍한 화상을 입고 말 거예요.

그런데 컴퓨터가 정보를 처리하는 속도는 신경 세포에 비해 훨씬 더 빨라요. 적게는 열 배, 많게는 천 배 정도는 더 빠를 테지요. 이렇게 보면 신경 세포의 정보 전달 속도는 오히려 느린 거라고 말할 수도 있어요. 하지만 그렇다고 해도, 그처럼 '느린' 우리 뇌가 여러 가지 복잡한 일을 한꺼번에 너끈히 수행하는 것을 보면 놀랍고 신기해요.

이건 정말 대단한 거예요!

여러분이 누군가의 이야기를 열심히 듣고, 눈을 반짝이며 책을 읽고, 뭔가 골똘히 생각할 때마다, 뇌에서는 신경 세포들이 찌릿찌릿 전기 신호를 주고받아요. 신경 세포들로 연결된 밀림의 한 길이 찌리릿하고 연결될 때마다, 마치 고속도로가 뚫리듯이 그 길이 다져지고 단단해지지요. 여러분이 구구단을 계속해서 외우고, 같은 영어 문장을 여러 번 반복해 읽으면 익숙해지잖아요. 그건 신경 세포가 주고받는 신호 길이 시원스럽게 닦이는 거예요. 그러니까 무언가를 익히고 배우는 일은 신경 세포의 길을 만들고 닦는 것이랍니다.

2부 이해하기 "뇌, 저를 몰라 봤다"

2부 이해하기

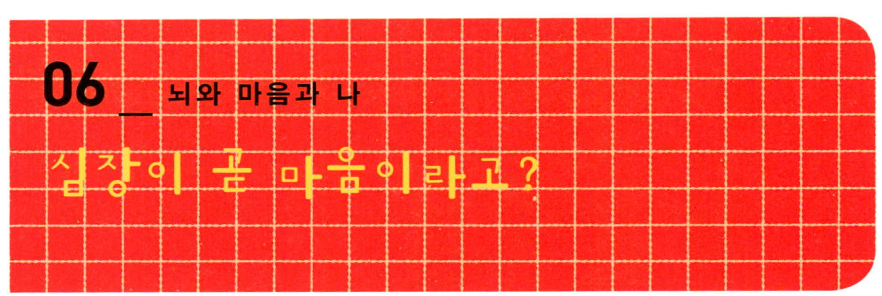

06 _ 뇌와 마음과 나

심장이 곧 마음이라고?

　　　　　　남몰래 좋아하던 친구가 전학을 간다며 마지막으로 인사할 때, 주인을 잃고 헤매느라 하얀 털이 온통 꼬질꼬질해진 강아지를 만날 때, 슬픈 영화나 드라마를 볼 때, 우리는 마음이 아픕니다.
　　마음이 아프다…… 이 느낌을 말로 나타내면 어떤가요? 심장이 저릿저릿하고 쓰라리나요? 누군가 심장을 망치로 탕탕 두드리는 것처럼 아픈가요?

반대로 마음이 기쁠 때를 떠올려 봐요. 친구들과 놀이터에서 신나게 놀 때, 열심히 물을 주며 기른 꽃나무에 작고 귀여운 꽃망울이 맺힐 때, 손꼽아 기다리던 소풍날 아침에 햇살이 따스하게 비칠 때, 우리 마음은 기쁨으로 가득해요. 그렇게 가쁜하고 신나는 마음은 어디서 나오는 걸까요?

마음은 어디에 있을까요? 심장에 있을까요? 심장이 마음일까요?

우리는 가끔 '심장'이라는 말을 '마음'의 다른 표현으로 쓰기도 해요. 오래전 서양 사람들도 '심장이 곧 마음'이라고 생각했어요. 영어로 '하트(heart)'는 심장이라는 뜻과 마음이라는 뜻을 함께 가지고 있지요. 심장은 우리 몸의 펌프 같은 곳이에요. 심장이 꽉 하고 오므라들었다가 펴지면, 피는 그 힘으로 온몸에 뻗어 있는 핏줄로 쫙 퍼져 나가지요. 한마디로 심장은 피돌기와 관련된 일을 하는 기관입니다. 심장이 오랫동안 멈추면 사람도 결국 죽기 때문에 심장은 매우 중요하지요. 그런데 '심장이 곧 마음이다'라고 하기에는 어딘가 좀 이상하지 않나요? 과연 마음은 어디에 있을까요?

마음을 뇌와 처음으로 연결하여 생각한 사람은 갈레노스라는 고대 로마 시대 의사입니다. 그때만 해도 사람의 몸속을 들여다보는 것은 신을 모독하는 일인데다 무거운 죄로 여겨서, 아무리 의사라도 사람 몸속을 자세히 볼 수 없었지요. 그런데 갈레노스는 운이 좋았어요.

그는 로마의 원형 경기장에서 검술을 겨루다 다친 직업 투사들을 치료했지요. 이 투사들은 경기를 하다가 칼에 베이고 창에 찔리는 등 큰 상처를 많이 입었어요. 심할 때는 배가 갈라져 내장이 밖으로 나오기도 했고요. 갈레노스는 그들을 치료하면서 사람 몸속을 관찰할 기회가 많았어요. 또 틈틈이 원숭이와 돼지를 사람 대신 연구하기도 했어요. 오랜 연구 끝에 그는 뇌가 쓸모없고 물렁물렁하기만 한 덩어리가 아니라, 사람의 생각, 기억 등 마음과 관계있다는 주장을 했지요.

그 전까지 사람들은 뇌를 거의 찌꺼기 취급했어요. 사람이 죽더라도 몸이 썩지 않으면 영혼도 영원할 거라 믿었던 고대 이집트 사람들도 그랬지요. 이집트에서는 왕이나 귀족 들이 죽으면 미라를 만들었습니다. 그런데 미라 만들기의 달인이었던 이집트 사람들도, 뇌는 긁어서 그냥 버렸대요. 허파, 창자, 간, 위는 멋진 항아리를 만들어 따로 잘 모셔 두었으면서 말이에요. 유명한 고대 그리스 철학자 아리스토텔레스도 뇌에 대해서는 잘 몰랐나 봐요. 뇌는 그저 뜨거운 심장을 식혀 주는 일을 한다고 했다나요? 뇌가 냉장고도 아닌데 말이에요.

몇몇 사람들은 어렴풋이 감정이나 생각처럼 보이지 않는 마음을 뇌와 연결하기는 했지만, 정확히 뇌가 어떻게 일을 하는지는 알지 못했어요. 독일 천문학자 요하네스 케플러(1571~1630)는 우주 행성들이 움직이는 법칙을 알아낸 대단한 과학자인데, 사람 뇌에 아주 작은 사람이 살고 있어서 그 작은 사람이 생각을 한다고 믿었대요. 또 프랑스 철학자 데카르트(1596~1652)는 사람의 몸을 기계처럼 생각했어요. 마음은 몸이라는 기계에 있지 않고 하늘 저편 세계에 따로 있다고 했지요. 이때 뇌가 무전기처럼 사람의 몸과 정신세계가 서로 연락하게 해 준다고 믿었답니다.

 기쁨과 슬픔, 고통 같은 감정이나 판단하고 기억하고 생각하는 능력이 뇌와 관련 있다는 것을 알게 된 지는 채 이백 년도 되지 않습니다. 이 사실을 알게 된 것은 피니어스 게이지라는 사람 덕분이에요. 이 사람은 철도 공사장에서 일하는 노동자였지요. 한참 작업을 하던 어느 날, 땅속 바위에 채워 둔 폭약 하나가 터지고 말았어요. 그리고 폭약 위를 막고 있던 기다란 쇠막대기가 치솟아 올라, 그의 턱을 뚫고 머리 위로 나왔지요. 정말 끔찍한 사고였어요. 그런데 놀랍게도 그는 죽지 않았어요. 왼쪽 뺨에 구멍이 뚫리고 머리뼈 일부가 깨져서 덜렁거렸는데도 말이에요. 의사는 얼른 머리뼈와 머리 피부를 덮는 수술을 해 주었습니다. 정말 다행이지요.

 그런데 문제는 그다음부터였어요. 사고가 난 뒤로 사람이 달라진 것입니다. 감각이나 기억은 그대로였지만, 따뜻하고 부지런했던 사람이 괴팍하고 치사한 욕쟁이에 게으름뱅이로 변했습니다. 피니어스 게이지가 죽은 뒤, 그를 치료했던 의사가 그의 머리뼈를 연구했어요.

쇠막대기가 뚫고 지나가 다친 것은 대뇌의 앞부분이었어요. 그래서 이때부터 대뇌 앞부분이 사람의 성격이나 생각, 감정 들과 관련이 있다고 생각하게 되었지요. 지금도 미국 하버드 대학교 박물관에 가면 피니어스 게이지의 머리뼈와 쇠막대기를 볼 수 있답니다.

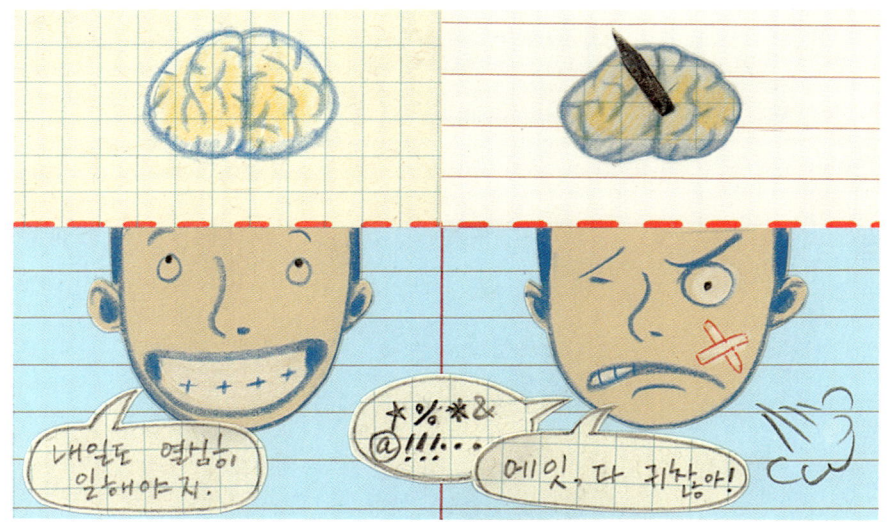

그럼 여기서 생기는 궁금증 하나. 사람의 뇌를 바꾸면 어떻게 될까요? 상처 난 뇌를 온전한 뇌로 바꾼다면요? 뇌가 바뀐 사람은 예전의 그 사람일까요?

정은이라는 친구가 있다고 합시다. 정은이는 태어날 때부터 심장이 약했어요. 심장을 이식받아야 건강하게 살 수 있지요. 마침내 수

술을 했어요. 정은이의 몸이 다른 사람의 심장을 받아들이지 않을까 봐 모두 걱정했지요. 하지만 심장은 다행히 정은이 몸에 잘 적응하여 힘차게 일을 합니다. 더는 가슴이 아프지 않고, 달리기를 해도 심하게 숨이 차거나 힘들지 않아요. 정은이는 수술받기 잘했다고 생각해요. 그리고 자기에게 심장을 주고 떠난 누군가에게 말로 표현할 수 없을 만큼 고마운 마음을 가지고 살지요. 이때 정은이는 수술을 받기 전이나 수술을 받은 뒤에나, 똑같은 정은이에요. 심장 이식을 받았다고 다른 사람이 되지는 않지요.

그런데 만일 정은이가 이식받은 게 심장이 아니라 뇌라면요? 뇌를 새로 이식받은 정은이도 그대로 정은이라고 할 수 있을까요?

괴짜 과학자가 비밀스런 실험실에서 아무것도 모르는 두 사람의 뇌를 바꿔 버리는 무시무시한 이야기, 들어 본 적 있나요? 공상 과학 영화나 소설, 만화 들에 단골로 나오는 이야깃거리잖아요. 이런 이야기를 만든 사람들도 우리처럼 '뇌가 바뀌면 사람도 바뀔까?' 하는 의문을 가졌을 거예요.

다른 사람의 장기를 받는다고 해도, 또는 인공 심장이나 인공 항문을 몸에 달아도, 우리는 우리 자신이 없어진다고는 생각하지 않아요. 하지만 뇌만은 다르지요. 나만의 감정, 느낌, 추억, 꿈…… 이런 것들을 담고 있던 뇌가 다른 것으로 바뀐다면, 그 사람은 더는 내가 아니

라고 해도 틀린 말이 아니에요. 그러니 '뇌는 곧 나 자신'이라고 할 수 있어요.

사람이 태어나면서부터 뇌는 그 사람과 함께 자라요. 뇌가 자란다는 건 뇌가 커진다는 뜻만이 아니에요. 이것은 오로지 그 뇌를 사용하는 사람만을 위한 맞춤옷을 만드는 과정과 같아요. 내 몸의 조건과 상태에 따라 마침맞게 구성되는 거죠. 태권도를 좋아하는 영훈이는 태권도를 잘할 수 있게 뇌가 발달해요. 좋아하기만 하면 뇌가 거기에 맞게 알아서 변하냐고요? 그건 아니에요. 영훈이는 태권도를 좋아하니까 날마다 차기나 지르기, 막기 같은 연습을 하겠지요. 그러다 보면 결국 영훈이의 뇌에는 손과 발을 정교하게 뻗는 것과 관련된 신경 세포 길이 쭉 뻗어 닦이게 되는 거예요.

아마 우리 각자의 뇌를 아주 정밀한 기계로 사진 찍어 비교해 본다면, 발달 부위나 발달 정도가 서로 다 다를 거예요. 우리는 우리 자신을 다른 사람과 구별 짓고 나를 나답게 하는 것이 마음이라고 믿고 있습니다. 내가 좋아하고, 꿈꾸고, 기억하는 것들이 내 뇌를 다른 사람의 뇌와 조금씩 다르게 만들고, 그 조그만 차이들이 모여서 세상에서 하나뿐인 내가 되는 것이지요.

참, 깜박할 뻔했네요. 아까 말한 뇌 이식 수술 얘기인데요. 못된 과학자한테 붙잡혀서 내 뇌가 다른 사람 뇌와 뒤바뀌지 않을까, 그런 걱정은 하지 말라고요. 아직까지 사람의 뇌를 바꾸는 수술은 할 수 없습니다. 몸에서 들어낸 뇌가 계속 살아 있게 할 수도 없고요. 하지만 가까운 미래에 의학이 발달해서 내 뇌가 다른 사람 뇌와 바뀌게 된다면…… 으, 생각만 해도 끔찍해요!

2부 • 이해하기

07 _ 감정의 뇌
마음이 펼쳐지는 자리

뇌는 기분, 감정, 생각, 논리, 추리, 상상 같은 마음의 일들이 펼쳐지는 자리예요. 뇌는 겉으로 봐서는 그렇게 크지도 않은 물렁물렁한 덩어리일 뿐인데, 어떻게 해서 벅찬 기쁨, 먹먹한 슬픔, 오싹한 공포 같은 수많은 감정이나 생각 들을 만들어 내는 걸까요?

배가 고프다거나 무섭다고 느끼는 것은 본능적인 감정입니다. 본능적이라는 것은 '동물적이다' '태어나면서부터 지니고 있다'는 뜻이지요. 이런 감정은 감정의 뇌 가운데서도 '편도체'가 담당하고 있어요. 특히 두려움이나 무서움은 우리 생명과 안전을 지켜 주는 중요한 감정이에요. 횡단보도를 건너고 있는데, 저만치에서 큰 트럭이 엄청난 속도로 달려온다고 생각해 봐요. 그럴 때 이 감정을 느껴야 재빨리 몸을 피해야겠다고 판단하고 행동할 수 있겠지요.

그런데 비 오는 날 빨간 마스크를 쓴 입이 찢어진 여자 이야기나, 재래식 화장실에서 귀신 손이 쑥 올라온다는 이야기, 들어 본 적 있지요? 그렇게 무서워하면서도 여러분이 귀신 이야기를 자꾸 듣고 싶어 하는 게 이상하지 않아요? 손으로 눈을 가리다가도 손가락을 벌려 공포 영화를 보는 건 왜일까요?

두려움은 이상하게도 짜릿한 기분을 느끼게 하지요. 어린이는 두려움을 느끼는 뇌 부위가 어른보다 상대적으로 크다고 해요. 그러니 무서운 이야기를 듣거나 볼 때 어른에 비해서 짜릿함을 더 크게 느끼지요. 하지만 무서운 이야기일수록 우리 기억에 더 오래, 강하게 남는다는 걸 잊지 마세요. 무서운 꿈에 시달리거나 식은땀을 많이 흘리는 건 몸에도 마음에도 좋지 않습니다.

배고픔과 공포처럼 본능적인 감정과는 조금 다른 감정들도 있습니다. 섬세한 감정, 또는 복잡한 감정이라고 해 두지요. 점수가 나쁜 시험지를 부모님께 보이지 않고 숨기거나, 선생님께 거짓말을 하고 나서

가슴이 두근거려 본 적 있나요? 반에서 가장 힘센 아이가 약한 친구를 때리는 걸 보면 화가 발끈 나기도 해요. 놀이터에서 놀다가 무릎이 까져서 엉엉 우는 아기를 보면 가여워하는 마음이 생기고요. 좋아하는 이성 친구 앞에 서면 볼이 발개지기도 하지요. 이런 복잡한 감정들은 감정의 뇌를 비롯해 뇌의 여러 부분이 함께 작용하여 생겨납니다.

우리 뇌는 아기 때부터 조금씩 감정을 배워요. 갓난아기는 배가 고프면 울고, 배가 부르면 웃어요. 기저귀가 젖어서 축축하면 기분이 나빠서 울고, 개운한 기저귀로 갈아 주면 헤 웃어요. 이렇게 단순한 감

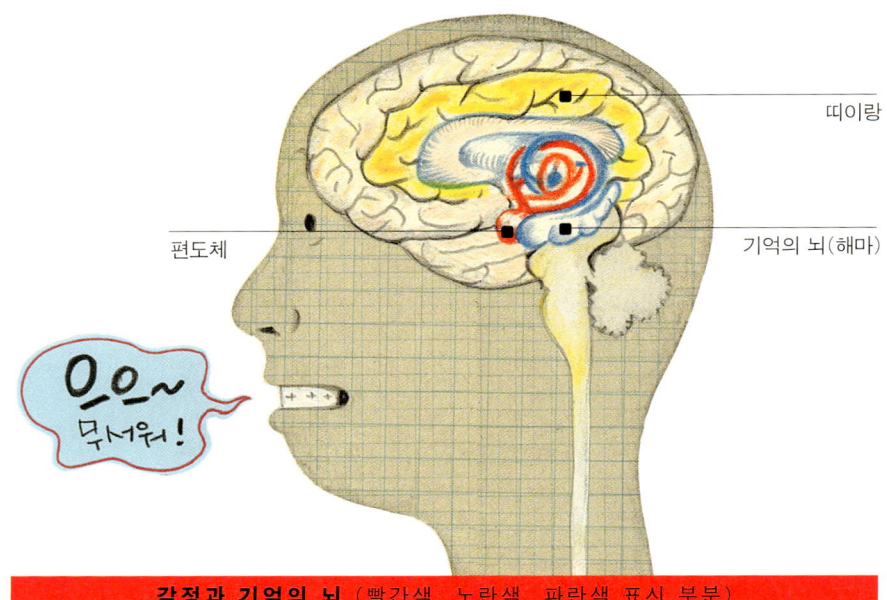

감정과 기억의 뇌 (빨간색, 노란색, 파란색 표시 부분)

정만 가지고 있던 아기는 자라면서 더 복잡한 감정도 알게 되지요. 깜깜한 곳을 무서워하게 되고, 엄마가 사라져서 보이지 않으면 당황해요. 엄마가 다른 아이를 안아 주면 질투하는 마음도 생기고요.

그런데 뇌 기능에 문제가 있어서 감정을 잘 느끼지 못하는 사람들이 있습니다. 몸은 건강해 보이지만, 그 사람들의 얼굴에는 어떤 감정도 드러나지 않아요. 또한 다른 사람의 감정을 전혀 읽을 수 없는 사람들도 있습니다. 그들은 영화나 드라마를 봐도 내용을 제대로 이해하지 못해요. 감정을 느끼지 못하니, 영화 속 주인공들이 왜 그렇게 울고 웃는지 이해하지 못해 어리둥절할 수밖에요.

하지만 보통 사람들은 다른 어떤 동물보다 다양한 감정을 느낍니다. 또 그것에 따라 표정을 만들 수 있지요. 얼굴 표정은 사람한테서만 찾아볼 수 있는 거예요. 우리 눈이며 코, 볼, 입에는 많은 힘줄과 신경이 있어서 이러한 표정을 지을 수 있어요. 또 사람의 뇌에는 얼굴 표정을 처리하는 부위가 따로 있다고 합니다.

우리 뇌는 다른 사람의 얼굴 표정을 보고 그 사람의 기분이나 감정이 어떤지 잘 읽어 낼 수 있어요. 더욱 흥미로운 건 다른 나라, 다른 곳에 사는 사람들끼리도 서로의 표정을 알아볼 수 있다는 거예요. 표정이야말로 세계 공통 언어인 것이지요. 그러니 말이 안 통하는 나라에 여행을 가서 낯선 사람을 만나더라도, 함박웃음을 지어 보이면 금

2부 • 이해하기

56

사람과 동물의 표정 비교

세 친구가 될 수 있을 거예요.

앞에서 뇌와 신경계가 서로 전기 신호로 연락을 한다고 말했는데, 기억하고 있나요? 어떤 과학자가 사람의 뇌에 전기 자극을 가하는 실험을 했어요. 물론 살아 있는 사람한테요. 색과 관련된 일을 하는 부위를 전기로 자극했더니 실험 대상자는 눈앞에 어떤 색이 보인다고 했고, 냄새와 관련된 일을 하는 부위를 자극했더니 어떤 냄새를 떠올렸어요. 그리고 뇌에서 웃음을 맡는 자리를 건드렸더니 그는 입 꼬리를 위로 올리고 씩 웃었답니다.

　모든 감정과 반응 들은 뇌가 자극을 받아 명령을 내려서 나타나는 것이에요. 또 감정은 신경 세포에서 만들어지는 신경 전달 물질과도 관련이 있어요. 기쁨의 물질이 많아지면 행복한 마음이 가득해지고, 슬픔의 물질이 많아지면 한없이 우울해지지요.

　그런데 일부러 웃는 것이나 웃을 일이 생겨서 웃는 것이나 웃음의 효과는 똑같이 좋대요. 면역력이 높아져서 더욱 건강해지지요. 그러니까 여러분, 많이 웃으며 지내요.

　아, 그렇지만 잘못해서 어른들에게 야단맞을 때 실실 웃는 건 곤란하겠지요. 오히려 더 혼날 수도 있어요. 그럴 때는 진지하고 차분하게, 진짜 미안한 마음을 품어 보세요. 그러면 얼굴에 그 마음이 나타날 거고, 어른들은 여러분이 깊이 뉘우치고 있다고 생각할 거예요. 마음과 마음이 통하는 거죠.

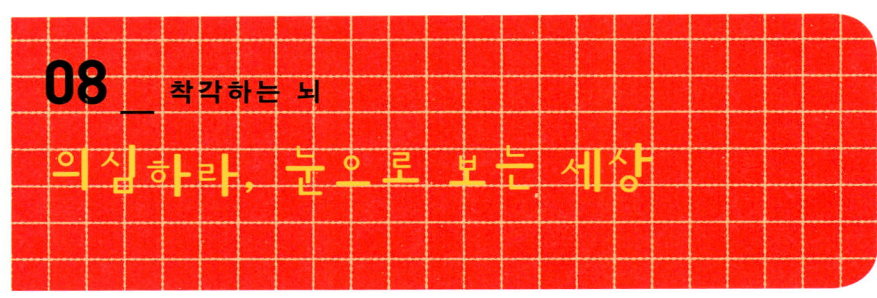

08 _ 착각하는 뇌

의심하라, 눈으로 보는 세상

성냥개비로 만든 그림입니다. 멧돼지 앞으로 화살이 날아오고 있어요.

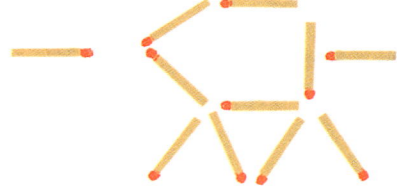

문제! 성냥개비를 단 두 개만 움직여서 멧돼지를 구할 방법을 찾아

보세요.

뜸 들이지 말고 바로 답을 알려 줄까요? 정답은 이거예요.

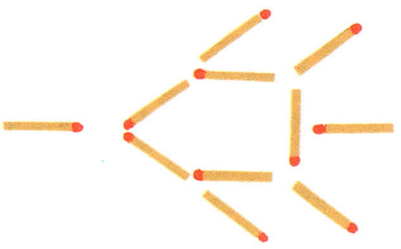

이렇게 하니까 멧돼지가 폴짝 뛰어서 화살을 피하는 것처럼 보이지요? 성냥개비를 단 두 개 움직였을 뿐인데, 옆에서 바라본 모양이 위에서 바라본 모양으로 사물을 보는 눈의 위치가 바뀐 겁니다. 혹시 다른 방법이 더 있을지도 몰라요. 여러분의 재기 발랄한 상상력으로 잘 생각해 보세요. 별것 아닌 듯 보여도 생각의 힘은 참 놀라운 거예요.

사람에게는 다섯 가지 감각이 있지요. 보고 듣고 맛보고 냄새 맡고 피부로 느끼고 하는 것 말이에요. 이 가운데 세상을 살아가는 데 가장 중요한 감각은 무엇일까요? 바꾸어 말해서 어떤 감각이 없을 때 가장 불편할까요? 사실 모든 감각이 다 중요하지만, 내 생각에는 보는 능력, 즉 시각을 잃었을 때 가장 불편할 것 같아요. '백문불여일견(百聞不如一見)'이라는 말도 있잖아요. 백 번 듣는 것보다 한 번 보는 것이 낫다는 뜻이지요. 서양 속담에도 'Seeing is believing.'이라는 말이 있

어요. 내 눈으로 보아야 믿을 수 있다는 뜻입니다.

무언가를 볼 때 우리는 눈으로 본다고 생각하지만, 사실 그건 반만 맞는 말이에요. 정확하게 말하면 눈과 뇌가 함께 보는 거랍니다. 눈은 카메라의 렌즈처럼 바깥 세상의 모습을 받아들여 뇌로 전하지요. 그 뒤 눈을 통해 들어온 시각 정보를 뇌가 해석하고 판단해야 진정으로 본다고 할 수 있어요. 그러니 눈의 기능은 이상이 없어도 뇌에서 시각 정보를 해석하는 부분에 문제가 있으면 우리는 제대로 볼 수 없지요. 어떤 과학자는 이 세상은 뇌가 그리는 그림이라고 했어요. 우리가 눈으로 보아 알고 있는 세상은 정확하게 말하면 '뇌가 보고 뇌가 인식하는 세상'인 거예요.

그런데 가끔 시각은 우리를 속여요. 우리 눈과 뇌는 눈앞에 놓인 것을 때로는 잘못 보고, 때로는 놓치기도 합니다.

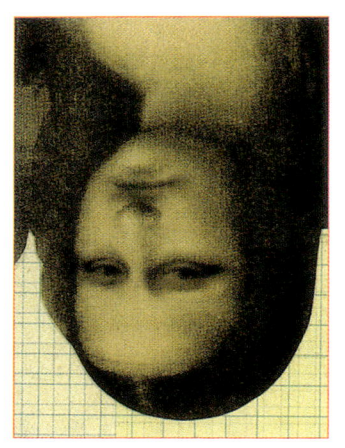

유명한 화가 레오나르도 다빈치가 그린 모나리자 그림이에요. 다만 거꾸로 되어 있을 뿐이지요. 그것 말고는 이상한 점이 없나요? 책을 돌려서 다시 한번 보세요. 에구머니! 우리가 익히 알고 있던 모나리자의 얼굴이 아니에요. 어째서 우리는 눈과 입 모양이 뒤집힌 걸 알아채지 못했을까요?

그건 무언가를 보는 뇌의 능력에 허점이 있어서예요. 우리 뇌는 사람을 알아볼 때 아주 꼼꼼하게 보지 않아요. 그야말로 '대충' 보지요. 이렇게 말하면 뇌가 몹시 허술한 것 같지만, 그렇지 않아요. 그렇게 대충 보는 데는 다 이유가 있어요.

사실 사람의 모습은 항상 달라요. 다른 옷을 입거나, 머리 모양을 바꾸거나, 수염을 깎거나, 없던 수염을 기르거나…… 그렇게 우리 모습은 늘 변해요. 나이를 먹으면서 아주 천천히 변해 가기도 하고요. 우리는 그래도 그 사람을 알아볼 수 있어요. 늘 의사 가운을 입고 있는 동네 병원 의사 선생님이 운동복을 입고 조깅을 하고 있어도 알아보고 인사해요. 눈이 나빠진 짝꿍이 안경을 맞춰 쓰고 오더라도 전혀 몰라보고 '누구야?'라고 하지는 않아요.

만일 우리 뇌가 사람의 얼굴을 곧이곧대로만 기억한다면, 우리는 친구를 사귈 수도 없을 거예요. 누구를 만나든 알아보지 못하고 새로운 사람이라고 생각할 테니까요. 그런 점에서 우리 뇌는 허술하다기보다는 무척 유연하고 융통성이 많은 거예요. 단점이라고 생각했던 것이 뒤집어 보니 장점인 것이지요.

시각이 착각을 일으키는 현상을 '착시'라고 해요. 앞의 모나리자 그림뿐 아니라, 재미난 착시 현상은 참 많아요.

위에 있는 두 선 가운데 어떤 게 더 길까요? 아래쪽이 더 길다고요? 그렇지 않아요. 자로 재어 보면 길이가 똑같아요.

자, 아래 그림을 보세요. 그리고 왼쪽과 오른쪽 상자 속에 있는 두 사람이 각각 어디에 서 있는지, 배경 그림을 그려 넣어 보세요.

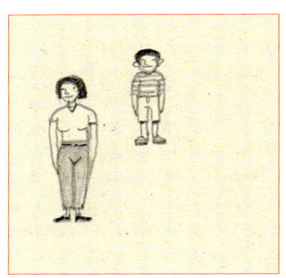 

혹시 이렇게 그리지 않았나요? 왼쪽 그림은 두 사람이 앞뒤로 떨어져 서 있는 것으로, 오른쪽 그림은 몸 크기가 다른 두 사람이 같은 위

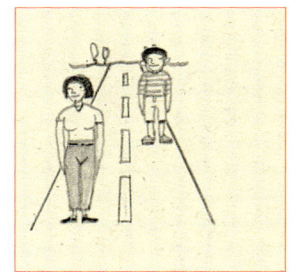 

치에 서 있는 것으로 말이에요.

하지만 어쩌면 이런 상황일지도 몰라요.

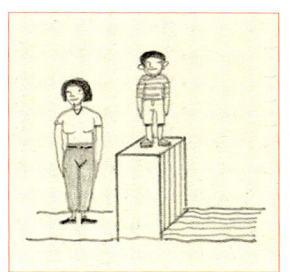 

파리는 파리의 눈과 뇌로 세상을 보고, 강아지는 강아지의 눈과 뇌로 세상을 봐요. 사람도 마찬가지예요. 또 같은 사람이라도 저마다 보는 게 달라요. 나란히 앉아 같은 그림을 보더라도, 무엇을 보았느냐고 물으면 사람마다 대답하는 게 조금씩 다를 거예요. 우리는 각자 자기의 뇌가 해석하는 대로 세상을 보기 때문이지요.

책에서 눈을 떼고 방 안을 한번 꼼꼼히 살펴볼까요? 아까 보던 내 방과 지금 보는 방의 모습이 똑같지는 않을 거예요. 그렇게 우리는 언제나 새로운 세상을 바라보며 살아갑니다.

09_ 의식과 무의식
김유신과 천관녀의 사랑

김유신 장군과 천관녀의 사랑 이야기를 알고 있나요? 오랜 시간 동안 사람들의 입에서 입으로 전해 내려온 안타까운 사랑 이야기지요.

김유신은 천관녀라는 여인을 몹시 사랑했어요. 그런데 김유신이 사랑에 빠져 공부를 게을리하는 것을 안 어머니가 그를 크게 꾸짖었어요. 결국 김유신은 큰 뜻을 이루기 위해 다시는 천관녀를 만나지 않기로 했지요.

그러던 어느 날, 김유신은 술이 거나하게 취해 말을 탔어요. 말은 늘 하던 대로 천관녀의 집 앞으로 갔지요. 정신이 번쩍 든 김유신은 말의 목을 칼로 베어 버립니다. 말이 자신의 굳은 결심을 흩뜨린다면서요. 그 말은 김유신이 아주 아끼는 말이었지요. 아마 김유신도 무척 마음이 아팠을 거예요.

이 이야기에서 김유신과 말의 관계는 의식과 무의식의 관계와 비슷해요. 천관녀를 안 만나겠다는 의식이 김유신이라면, 천관녀를 보고 싶어하는 무의식은 말을 통해 밖으로 드러난 거죠.

119 구조대가 출동했습니다.

"괜찮으세요? 여보세요, 정신 차려 보세요. 이름이 뭡니까?"

구조대원이 계속해서 환자에게 말을 시킵니다. 하지만 환자는 아무 대답이 없습니다.

"환자가 의식이 없습니다. 시간이 없어요! 빨리 병원으로 옮기죠."

환자를 실은 구급차가 서둘러 움직입니다.

의식이 없다? 사고나 병으로 사람이 갑자기 쓰러졌을 때 의식이 없다, 의식을 잃었다고 말합니다. 말을 시켜도 대답하지 못합니다. 몸을 움직이지도 못하고 그냥 잠자는 것처럼 쓰러져 있습니다.

뇌는 잠을 자지 않고 깨어 있는 동안 생각을 하고 기억을 하고 말을

합니다. 그런 정신적인 일들이 모두 의식의 작용이에요. 의식이 있어야 몸을 마음대로 움직일 수도 있어요.

그런데 말예요, 콩닥콩닥 뛰는 심장의 움직임은 결코 멈출 수가 없어요. 내가 아무리 '멈춰, 멈춰 봐.' 하고 마음먹어도 심장은 멈추지 않아요. 나도 모르게, 그러니까 무의식중에 계속해서 심장이 움직이기 때문이지요. 트림이 나오는 것도 그래요. 콜라를 마시고 나면 트림이 나와요. 우리가 음식을 먹을 때 같이 들어간 이산화탄소가 몸 밖으로 빠져나오는 거예요. 밀고 나오는 공기를 '참아야지' 하는 생각만으로 꾸역꾸역 다시 밀어 넣을 수는 없지요. 물론 트림이 나올 때 소리가 크게 나지 않도록 조심할 수는 있겠지만요.

그러면 숨을 쉬는 건 어때요? 이것 역시 우리 마음대로 멈추거나 늦출 수 없는 무의식의 작용이에요. 그런데 우리는 수영을 하거나 잠수할 때 숨을 참을 수 있어요. 숨을 쉬지 않겠다고 마음먹으면 아주 잠깐이라도 숨을 안 쉴 수 있지요. 오, 그러니까 숨쉬기는 의식의 작용이군요. 앗! 그런데 꼭 그런 것만은 아니에요. 보통 때는 내가 숨을 쉴지 말지 일일이 생각하고 숨을 쉬지는 않아요. 나도 모르게 그냥 숨을 쉬고 있는 거지요. 또 잠깐은 마음먹은

대로 숨을 안 쉴 수 있지만, 어느 정도 시간이 지나면 못 참고 '푸하' 하고 숨을 내뱉게 돼요. 숨쉬기는 무의식의 작용이었다가 의식의 작용이었다가…… 이것 참, 어느 한쪽이라고 딱 잘라서 말할 수 없어요.

어때요, 이제 의식과 무의식이 무엇인지, 둘은 어떻게 다른지 알 것 같나요? 후유, 이거 은근히 헷갈립니다. 도대체 의식이란 무엇일까요? 의식과 무의식의 차이는 무엇이지요? 어디까지가 의식이고 어디까지가 의식이 아닌 건가요? 손에 잡히는 것이라면 좀 나을 텐데, 손에 잡히지도 않는 의식이니 무의식이니 하는 따위의 이야기를 하니 머리는 뒤죽박죽, 마음은 갑갑할 거예요. 다시 한번 차근차근 이야기해 볼게요.

건강한 사람이라면 의식을 갖고 있어요. '밥을 먹어야지' '텔레비전을 보고 싶다' 같은 생각도 의식이에요. 실제로 밥을 먹고 텔레비전을 보는 것은 그 의식을 밖으로 드러낸 것이고요. 이처럼 의식이란 내가 판단을 하고 그 판단에 따라 무언가 표현하고 행동하는 것을 말해요.

판단하고 표현하는 것. 이게 의식이냐 아니냐를 판가름하는 중요한 기준이 되지요.

또 의식에는 과거에 경험한 것이 무척 중요한 역할을 해요. '자장면을 시킬까, 짬뽕을 시킬까'를 판단하고 결정하려면 이 두 음식을 전에 먹어 본 적이 있어야 해요. 그래야 그 맛과 냄새를 떠올리고서 자장면과 짬뽕을 비교하고 선택할 수 있으니까요.

이처럼 과거에 겪은 일을 바탕으로 지금 어떤 일을 스스로 결정하여 행동에 옮기는 것, 그게 바로 의식이에요.

의식의 저편에 무의식이 있어요. 어른들은 가끔 '무의식중에 그랬다'라는 말을 해요. 이 말은 쉽게 말해 생각 없이, 또는 깊이 생각하지 않고 자기도 모르게 그렇게 했다는 뜻이에요. 무의식은 의식 아래 덮여 있어서 평소에는 잘 드러나지 않아요. 하지만 무의식은 분명 우리 마음의 한 부분이에요. 최면 상태에 있거나 꿈을 꿀 때 무의식은 그 모습을 드러내기도 해요.

이 책을 읽는 여러분! 지금 의식이 있는 상태로 책을 보고 있나요? 아무 생각 없이 그냥 '검은 것은 글자, 흰 것은 종이.' 하며 무의식중에 책을 넘기는 건 아니고요?

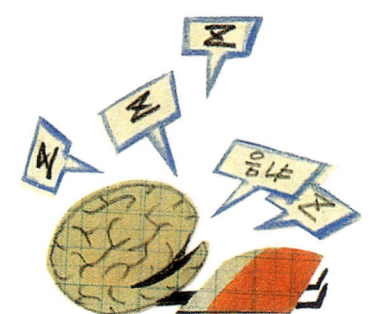

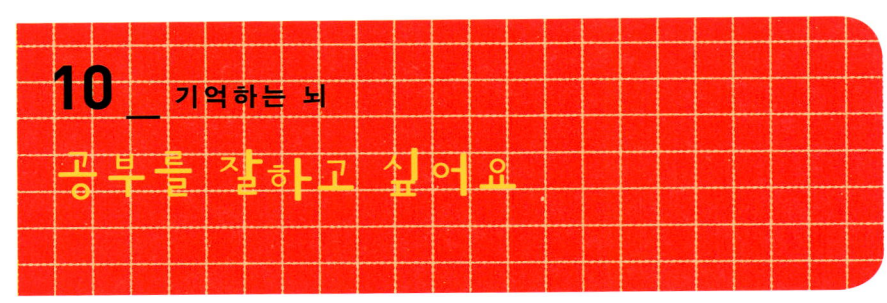

10 _ 기억하는 뇌
공부를 잘하고 싶어요

한 인간의 최초 기억은 어디까지 거슬러 올라갈 수 있을까요? 태어나는 순간의 일을 기억하는 사람은 없습니다. 머리가 아주 좋다고 해도 아기였을 때의 일은 잘 떠올리지 못하지요. 아무리 거슬러 올라가도 기껏 세 살 정도일 것입니다. 그나마 그 기억도 순수하게 자신이 보고 듣고 느낀 것이라기보다는 부모님이나 주위 사람들이 들려준 이야기일 가능성이 높아요.

"넌 어렸을 때 발가락을 세우고 걸었지."

"기억나니? 세 살 때 네가 이 빨간 담요를 참 좋아했어."

다른 사람들에게서 이런 이야기를 듣는 순간 우리 마음속에는 아기 때의 내가 빨간 담요를 가지고 노는 모습이 그려지고, 그렇게 만들어진 이미지가 진짜 여러분이 세 살 때 일어난 일로 저장되지요. 엄밀히 말하면 여러분이 기억하는 어린 시절의 일들이 '진짜 기억'이 아닐 수도 있다는 뜻입니다.

우리는 가끔 이런 생각을 하지요.

'아기 때의 일을 기억할 수 있다면 얼마나 재미있을까? 엄마 배 속에서 열 달을 어떻게 보냈는지 정말 궁금해……'

학자들에 따르면 어린이의 뇌가 기억을 하는 방식은 어른의 뇌가 기억하는 방식과 다르다고 해요. 어른이 되면 아주 어릴 때 생각이 잘 나지 않는 것은 그 때문이랍니다. 언젠가 그 기억을 술술 풀어낼 암호만 알아낸다면 비밀스런 기억의 보물 창고를 열 수 있을지 몰라요.

나는 요즘 걱정이 하나 있어요. 왜 그렇게 무엇을 잘 잊어버리는지 모르겠어요. 물건을 어디에 두었는지 늘 찾아 헤매고, 내가 한 말인데도 "정말 내가 그렇게 말했어? 기억이 안 나." 하는 일이 많아졌어요. 원래 무심한 성격이라 뭘 애써 기억하는 법도 없지만, 나이가 들면서 점점 더 잘 잊어버리는 것 같아요.

나이를 먹으면 뇌를 이루는 신경 세포의 연결망이 엉성해집니다.

이 연결망을 '시냅스'라고 해요. 시냅스는 엄마 배 속에서부터 점점 늘어나서, 태어난 지 8개월이 될 때쯤 일생을 통틀어 가장 빽빽해지지요. 하지만 이때부터 시냅스의 수는 천천히 줄어들기 시작해, 신경 세포 밀림은 점점 듬성듬성해져요. 어른이 될수록 말이에요.

나이가 들수록 신경 세포 망이 듬성듬성해지는 것은 새로운 것을 배울 일이 적어지기 때문이기도 해요. 갓 태어난 아기는 세상의 모든 것을 배우고 받아들여야 하지요. 오줌을 가리고 똥을 누는 것부터 엄마의 얼굴을 보고 엄마가 기분이 좋은지 나쁜지 표정을 읽는 것까지, 배워야 할 게 한두 가지가 아니에요. 하지만 어린이가 되고, 학교에 다니고, 청소년이 되고, 어른이 되면 웬만큼 세상을 알게 되고 주변 환경에 익숙해집니다. 아침에 일어나서 밥을 먹고 똑같은 거리를 지나 학교와 회사를 가는 등 비슷비슷한 환경에서 살다 보면, 신경 세포 고속도로가 새로 뚫리기보다는 예전에 닦아 놓은 길만 쓰이겠지요.

그런데 여러분, 혹시 '우리 뇌의 신경 세포는 한 번 죽으면 다시 만들어지지 않는다'는 말을 들어본 적 있나요? 많은 영역의 뇌세포들이 새로 만들어지기도 하지만, 그 속도가 매우 느리고 특히 죽는 세포들의 수가 더 많아요. 그러니까 나이가 들면 신경 세포 수가 줄어들어 기억력도 떨어지는 거라고 생각할 수도 있을 거예요. 하지만 예외가 있어요. 그중 하나가 기억의 뇌인 해마의 신경 세포예요. 해마의 신경 세포는 계속해서 새로 만들어진대요. 그러니 기억력이 떨어진다고 해서 신경 세포 수를 핑계 삼을 수는 없어요.

기억에 관한 우리의 가장 큰 관심은 '어떻게 하면 더 잘 기억할 수 있을까'입니다. '왜 밤새 외운 수학 공식은 시험지 앞에서 희미해지는 걸까?' '역사 시간에 나오는 중요 사건의 연도를 줄줄 외울 수 있으면 얼마나 좋을까?' '새로 전학 간 학교, 반 친구들의 얼굴과 이름을 한 번에 익히고 외울 수 있다면 친구 사귀기도 좋을 텐데.' 같은 거요.

기억력이 좋으면 공부도 더 잘할 것 같고 여러 모로 편리할 거라고 생각하죠. 어떤 텔레비전 프로그램에서 '공부 잘하는 법'을 특집으로 보여 준 적이 있어요. 몇 가지 훈련을 열심히 해서 집중력과 기억력 등을 높여 주면 공부를 잘할 수 있다고 했지요. 기억력이 좋아지게 하는 게임기 광고를 본 적도 있을 거예요. 나이 어린 학생은 공부를 잘하게 되고, 어른은 치매를 막을 수 있다고 선전해요. 텔레비전, 신문, 인터넷 등에서 그런 이야기를 들으면 '저 훈련법, 나도 한번 해 봐야겠다.' '저 게임기, 정말 갖고 싶어. 게임을 하면서 공부까지 잘할 수 있다니 얼마나 좋아.' 하는 마음이 절로 들어요. 뭐, 공부를 잘하는 사람들이 기억력이 좋은 것은 사실이에요. 하지만 기억력이 좋다고 모든 게 좋기만 할까요?

예전에 기억력이 너무 좋아서 괴로웠던 사람이 있었어요. 이 사람

의 이름은 솔로몬 베니아미노프. 직업은 기자였어요. 솔로몬은 쓸데없는 정보까지도 머릿속에 가득 차서 완전히 돌아 버릴 지경이었대요. 슈퍼마켓에서 장을 보면 자기가 들었다 놓은 피망과 감자의 가격, 통조림의 유통 기한, 식료품 가격표에 찍힌 바코드 숫자, 계산대 직원이 한 모든 말, 직원이 입은

옷의 모양과 색, 직원 가슴에 달린 명찰, 그 슈퍼마켓 앞을 지나는 모든 시내버스의 번호까지…… 그다지 중요하지도, 기억하고 싶지도 않은 모든 것이 그의 머릿속에 남아 있는 거예요. 심지어 몇 년 전의 것까지요. 정말 믿기지 않는 기억력이지요? 솔로몬은 이 탁월한 기억력이 자기를 불행하게 만들었다고 했어요. 물론 그의 뇌는 특별한 경우예요. 시키지 않아도 필요 없는 정보는 얼른얼른 지우는 우리 뇌에게 고맙다는 인사라도 해야 할 것 같네요.

　그래도 시험 전날 애써 공부한 것들이 싹싹 지워지는 건 역시 달갑지 않아요. 그렇다면 기억을 돕는 몇 가지 방법을 써 보세요. 가장 많이 쓰고 확실한 방법은 '반복'이에요! 소리 내어 읽고, 손으로 직접

쓰고, 여러 번 보면서 외우면 한 번 스쳐본 것보다는 훨씬 더 잘 외워지지요. 손으로 쓰면서 기억하려 할 때는 손과 팔도 함께 움직입니다. 이때 뇌에서 운동을 맡은 부분과 기억을 맡은 부분이 동시에 일을 해요. 그러면 기억의 신경 세포 고속도로가 머릿속으로 생각만 하는 것보다 더 잘 다져져요. 또 눈앞에 써 놓고 다시 보기 때문에 시각적으로도 다시 한 번 자극을 받는 셈이지요. 그렇게 기억은 자꾸 불러낼수록 더욱 단단해집니다. 쓴다고 닳는 게 아니라 반복해서 꺼낼수록 더 진하고 선명하게 남아요. 할머니들이 바로 조금 전 일은 자꾸 잊어버려도 몇십 년 전 일은 생생하게 기억하고 얘기하는 것도, 그 소중한 기억들을 오랜 시간 동안 자꾸 떠올려 왔기 때문입니다.

또 한 가지는 '연상하기'예요. 사람의 기억은 대부분 감정에 버무려져 있어요. 친구들과 장난치다가 다리가 부러졌을 때 느꼈던 아픔과 공포, 깁스를 하고 입원해 있을 때 병문안을 와 준 친구들에 대한 고마움과 기쁨…… 이처럼 어떤 사건을 기억할 때 감정이 많이 뿌려져 있을수록 기억도 더 잘돼요. 감정의 뇌이자 기억의 뇌인 해마가 다른 감정의 뇌와 나란히 붙어 있어서 그런 거지요. 감정의 뇌가 자극을 많이 받을수록 기억의 뇌에 큰 영향을 주거든요. 소리나 냄

새와 연결된 기억도 있어요. '부웅' 하는 뱃고동 소리를 들으면 처음으로 인천 연안 부두에 가 보았던 날이 생각날지 몰라요. 산적에서 풍기는 고소한 기름 냄새를 맡으면, 명절날 맛있는 차례 음식을 싸 주시던 할머니가 떠오르기도 하지요.

이렇게 우리 뇌는 어떤 상황이나 감정과 연결될 때 더 잘 기억해요. 만화나 드라마 줄거리는 일부러 기억하려고 안 해도 잘 기억되는 이유가 거기에 있지요. 그러니 기억할 건 많은데 기억하기 어려울 때는 한 편의 이야기로 엮어 보세요. 예를 들어, '제주도, 우유, 카메라, 텔레비전, 태풍, 집'을 순서대로 외어야 한다고 해 봐요. 낱말들 사이에 전혀 관련이 없으니, 그냥 외우려면 시간이 걸리고 또 외웠다가도 금방 잊어버릴 거예요. 그런데……

정은이랑 지현이네 가족이 제주도로 여행을 떠났다. 비행기 안에서 주는 우유를 마셨다. 공항에 도착해서 정은이의 카메라로 기념사진을 찍었다. 호텔에 막 도착해서 텔레비전을 켰는데, 이럴 수가! 내일부터 태풍의 영향으로 비가 계속 내린단다. 아무것도 못하고 집으로 돌아왔다.

어때요? 이야기로 엮으니까 기억하기 훨씬 쉽지요? 기억해야 할 것들을 그림으로 표현해 보는 것도 오래 기억하는 데 도움이 돼요.

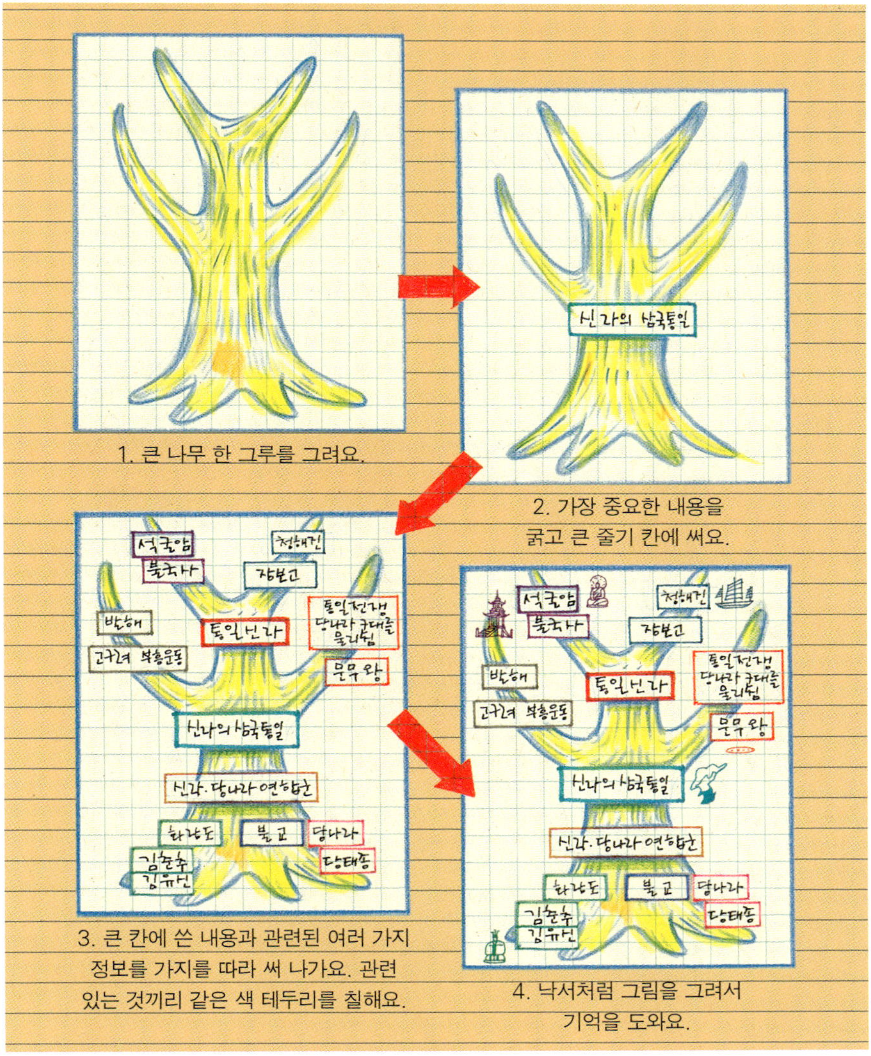

기억하는 뇌

1. 큰 나무 한 그루를 그려요.

2. 가장 중요한 내용을 굵고 큰 줄기 칸에 써요.

3. 큰 칸에 쓴 내용과 관련된 여러 가지 정보를 가지를 따라 써 나가요. 관련 있는 것끼리 같은 색 테두리를 칠해요.

4. 낙서처럼 그림을 그려서 기억을 도와요.

기억 나무 만들기

아침을 거르지 않고 꼭 먹는 것도 중요해요. 뇌에 영양을 잘 공급해 주어서 기억력이 좋아지는 데 도움이 되거든요. 또 호두랑 땅콩 같은 견과류에는 기억력이 좋아지는 데 도움이 되는 성분이 많이 들어 있답니다. 맛있게 먹고 기억력도 높여 보아요!

11_ 꿈꾸는 뇌
열심히 일한 뇌, 좀 쉬어라!

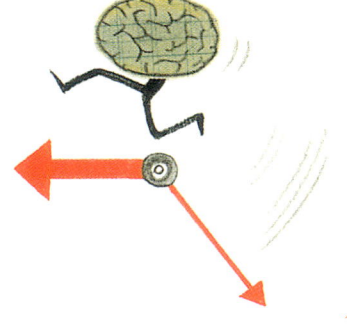

갓난아기는 하루의 대부분을 자면서 보내요. 배가 고프면 젖을 찾아서 울어요. 엄마가 젖을 물려 주면 실컷 배를 채우고, 배가 부르면 잠이 듭니다. 그러다 기저귀가 척척해지면 갈아 달라고 빽빽 울고, 모든 게 만족스러워지면 다시 새근새근 잠이 듭니다. 아기는 그렇게 먹고 싸고 자면서 부쩍부쩍 자라요. 아무것도 안 하고 가만히 자는 것처럼 보이지만, 이때 아기의 뇌며 온몸의 근육과 신경 들은 쑥쑥 자라고 있어요. 아기가 편안하게 푹 자야 더 잘 자랄 수 있지요. 아기에게 잠은 젖만큼이나 중요한 영양분인 셈입니다.

잠은 아기뿐 아니라 어린이와 어른 들한테도 무척 중요해요. 하루는 스물네 시간입니다. 우리가 하루에 여덟 시간을 잔다고 하면 하루의 3분의 1을 자면서 보내는 거지요. 인생의 3분의 1을 잠으로 보내는 것이기도 하고요. 잘 알고 있겠지만 잠을 잘 때 우리 몸은 편히 쉽니다. 가장 편한 자세로 늘어져서 거의 움직이지 않기 때문에 근육은 긴장을 풉니다. 우리가 깨어 있는 동안 가장 바쁘게 바깥 세상을 바라보며 새로운 정보를 받아들이던 눈도 감기지요. 책이나 텔레비전을 볼 때는 눈동자를 움직이는 근육이 팽팽하게 당겨지므로 눈은 점점 피로를 느낍니다. 하지만 잠을 잘 때는 어디에도 초점을 맞추지 않아도 되므로 눈도 쉴 수 있어요. 이렇게 사람은 적당히 잠을 자야 깨어나서 제대로 활동할 수 있습니다. 그런데 사람이 잠을 자지 않으면 어떻게 될까요?

1959년 미국 뉴욕의 유명한 라디오 진행자였던 피터 트립이라는 사람이 몸소 그 실험을 했어요. 자선 모금 행사를 위해서 오래 안 자고 버티기 기록을 세우겠다고 스스로 나선 거예요. 피터는 적어도 200시간은 안 자고 버티겠다고 큰소리를 쳤어요. 결국 201시간 10분이라는 엄청난 기록을 세웠지만, 거의 제정신이 아닌 지경이 되었답

꿈꾸는 뇌

니다. 멀쩡한 사람에게 욕하고 소리 지르거나, 있지도 않은 토끼와 고양이가 방 안을 뛰어다닌다고 하는가 하면, 헛것을 보고 도망 다니기도 했대요.

이 끔찍한 실험이 끝나고 피터는 내리 열세 시간을 잤대요. 정말 다행인 건, 자고 일어나서는 완전히 정상으로 돌아왔다는 거예요. 석 달 동안 조금 침울했던 것만 빼고요.

이렇게 사람은 잠을 자지 않으면 정상적인 활동을 하기가 힘들어요. 그래서 전쟁 중에 적국의 스파이를 심문할 때는 잠을 안 재우는 고문을 해서 정보를 캐내곤 했대요. 잠 안 재우기 고문은 고문 중에서도 정말 끔찍한 방법인 것 같아요.

그런데 아무리 잠을 자도 끊임없이 꾸벅꾸벅 졸거나 잠이 드는 사람도 있어요. 이 병을 '기면'이라고 해요. 보통 사람도 햇볕 따스한 봄날 점심을 배부르게 먹고 나면 졸음이 솔솔 오긴 해요. 또 지루한 수업 시간에 따뜻한 햇살까지 비춰 들면 꾸벅꾸벅 졸기도 하죠. 주로 배가 부르거나 긴장이 풀렸을 때, 혹은 전날 잠이 부족하면 졸음이 와요. 하지만 기면 증세는 이런 것과는 달라요. 기면 환자들은 아무 때나 갑작스럽게 자 버립니다. 버스를 타려고 계단을 오르다가도, 급식 시간에 밥을 먹다가도 갑자기 잠이 들어요. 그래서 보통 사람들처럼 생활하기가 어렵고 위험한 일도 자주 겪어요. 주위 사람과 가족 들이 특별히 세심하게 잘 보살펴 주어야 하지요.

잠은 뇌에도 꼭 필요합니다. 뇌에서 일어나는 전기 활동, 곧 뇌파를 측정해 보면 알 수 있어요. 텔레비전에서 종종 나오는 것처럼, 머리에 뇌파 측정기와 연결된 전극을 여러 쌍 붙이면 화면에 뇌파의 움직임이 그려지지요. 잠을 잘 때 측정되는 뇌파는 아주 편안하고 느긋한 모양을 그립니다. 우리가 눈을 감고 마음을 차분히 가라앉힐 때도 비슷한 뇌파가 그려지지요.

하지만 우리가 잘 때 뇌가 아무 일도 안 하는 것은 아니에요. 잠을 자는 동안 숨도 안 쉬고 심장도 멈춘다면 큰일이잖아요. 뇌가 계속 활동하기 때문에 잠을 잘 때도 숨을 쉬고 심장이 뛰는 거예요.

또 뇌는 우리가 깨어 있을 때 하지 못한 일들을 해요. 우리가 꿈을 꾸는 것도 뇌가 일을 하는 증거랍니다. 어떤 학자들은 꿈이란 뇌가 의식을 정리하는 과정이라고 말해요. 낮 동안 내가 보고 듣고 생각하고 느낀 그 모든 것들을 정리한다는 뜻이지요. 책상 위가 지저분하고 어수선할 때 정리를 하지요? 우리 기억 하나하나도 공책이나 학용품이라고 생각하면 비슷해요. 별로 쓸모없다고 생각되는 것은 버리고, 중요한 것은 금세 꺼내 쓸 수 있게 눈에 잘 띄는 곳에 두고, 당장은 쓸모가 없지만 버리면 안 되는 것들은 모아서 서랍 안에 두는 식으로 말이에요.

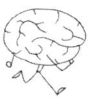

사실 우리는 꿈에 대해서 아직 정답을 몰라요. 왜 사람이 꿈을 꾸는지, 꿈의 내용이 무엇을 뜻하는지 우리는 모르는 것투성이에요. 프로이트 같은 정신 분석학자들은 꿈을 깨어 있는 동안 억눌렸던 무의식이 표현된 것으로 봅니다. '나는 점잖은 사람이니까 이런 생각은 마음에 담아 두면 안 돼.' '이런 건 고상하지 못해.' 하고 억눌렸던 생각의 찌꺼기들이 꿈으로 나타난다는 것이지요. 아닌 게 아니라 꿈속에서는 벌거벗고 다니기도 하고 하늘을 훨훨 날기도 하는 것처럼, 말도 안 되고 터무니없는 일이 벌어지잖아요. 정신 분석학자들은 꿈이 무의식으로 가는 지름길이라며 무척 중요하게 생각하지요.

　사람의 잠은 90분 단위로 끊어진대요. 무슨 말인가 하면 얼마 동안은 죽은 것처럼 깊은 잠을 자다가, 몸을 뒤치락거리며 깨어 있을 때와 비슷한 정도로 얕은 잠을 자다가…… 이렇게 잠의 곡선이 올라갔다 내려갔다 하는 것이 90분마다 되풀이된다는 뜻이에요. 처음부터 끝까지 깊이 자는 게 아니고요. 우리는 주로 얕은 잠을 자고 있을 때 꿈을 많이 꿔요. 이때는 잠을 자

는 상태인데도 눈동자가 빠르게 움직인답니다. 언제 기회가 되면 다른 사람이 잠자는 모습을 가만히 지켜보세요. 그 사람 눈동자가 오른쪽으로 휙, 왼쪽으로 휙, 위로 갔다 아래로 갔다 하면서 움직인다면, 그 사람은 아마도 한창 신나게 꿈을 꾸고 있을 거예요. 이렇게 꿈을 꿀 때 눈동자가 쉴 새 없이 움직이는 걸 보면, 우리는 꿈을 '꾸는' 게 아니라 '보는' 게 아닐까요?

3부 "제대로 알기 뇌, 위기를 만나다"

12 _ 비만

살 빼기는 힘들어

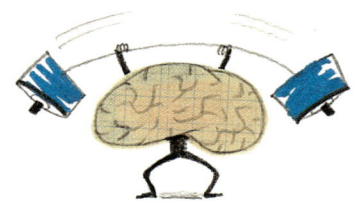

　여러분은 내 모습이 보이지 않겠지만, 나는 조금 통통한 편이에요. 얼굴이 길고 손목이 가늘어서 얼핏 본 사람들은 그리 살찌지 않은 것 같다고 해요. 하지만 사실 배랑 엉덩이, 허벅지에 살이 많이 붙어 있어요. 초등학생 때는 지금보다 훨씬 더 뚱뚱했어요. 1학년에서 2학년, 2학년에서 3학년, 학년이 올라갈수록 점점 더 살이 쪘지요. 그래도 좌절하지 않고 꾸준히 운동을 한 덕분에, 5학년 무렵에는 그런대로 보통에 가까운 몸무게가 되었어요. 그렇게 살이 쪘던 적이 많아서, 나는 뚱뚱한 친구들의 마음을 잘 알지요.

'너, 살 좀 찐 것 같아.'라는 말을 들었을 때, 여러분은 어떤 기분인가요? 복도에서 마주친 예전 담임선생님이 "아니, 너 언제 이렇게 살이 찐 거야? 살 좀 빼야겠다." 하고 놀라시면 아무렇지 않은 척해도 맘이 무척 상해요. 어쩌면 집에 가 방에 틀어박혀서는 혼자 흑흑 울어 버릴지도 몰라요. 그런데도 어쩔 수가 없는 건, 음식이 계속 당긴다는 거예요. 저녁을 충분히 다 먹었는데도 식구들 몰래 냉장고 문을 열고 뭐 먹을 것이 없나 살펴요. 살쪘다는 이야기를 들을 때마다 먹는 양을 줄여야겠다고 다짐하지만, 그걸 실천하기란 쉽지 않아요.

어린이나 어른이나 비만은 건강에 해로워요. 살이 찌면 움직임이 불편하고 외모에 자신이 없어지는 것도 문제지만, 그뿐 아니라 사람의 수명도 짧게 한대요.

그런데 여러분, 비만은 단순하게 몸무게로 따지는 것이 아닙니다. 남자인지 여자인지, 그리고 키가 얼마인지 등을 따져서 몸무게 비율이 정상 범위에 있는지 아닌지를 판단하지요. 또 몸속에 지방이 얼마나 많은가도 비만을 판단하는 기준이 됩니다. 씨름 선수나 투포환 선수 들이 덩치가 크고 뚱뚱해 보여도, 실제 몸에서 지방이 차지하는 비율을 따져 보면 비만이 아닌 경우가 많습니다. 근육이 있어 몸무게는 많이 나가더라도 지방, 즉 기름기가 별로 없으니 건강한 거예요. 반대로 겉으로는 마르고 가벼워 보이는 사람도 배 둘레와 내장에 지방이 많아서 비만인 경우도 있어요.

그런데 요즘은 먹을거리가 흔하고 영양소가 골고루 포함되어 있지 않은 가공 식품이 쏟아져 나와서, 살 때문에 걱정하는 사람이 정말 많아요. 살이 찌는데도 자꾸 먹을거리를 찾는 건 뇌랑 관련이 많아요. 뇌에는 시상 하부라는 곳이 있어서, 포만감, 곧 배가 부른지 그렇지 않은지를 느껴요. 시상 하부에서 포만감을 느끼면 우리는 배가 불러서 음식을 더 먹지 않아요. 반대로 아직 포만감이 느껴지지 않는다면 계속 음식을 먹고요.

우리 몸의 지방 세포에서는 많이 먹어서 뚱뚱해지는 것을 막는 물질이 만들어져요. '날씬이 물질'이라고 해 두죠. 이 물질이 시상 하부

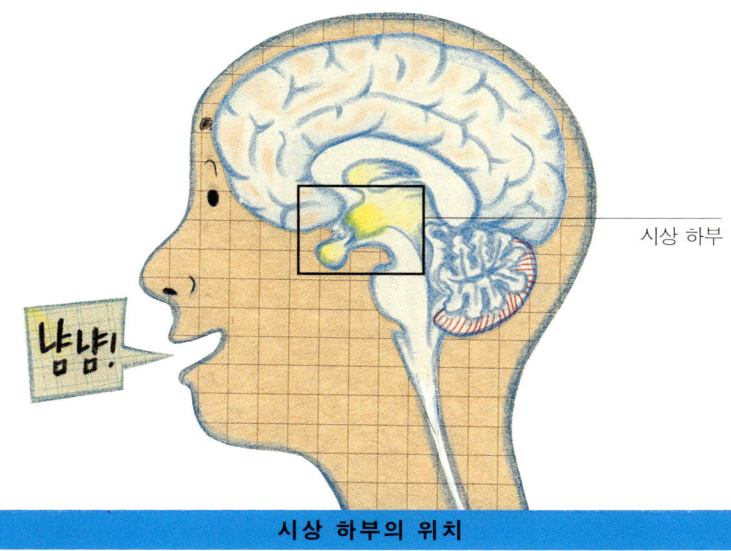

시상 하부

시상 하부의 위치

에 보내는 배부르다는 신호를 그때그때 받아들인다면 살 빼기는 정말 쉬울 거예요. 아니, 살이 많이 찌지도 않겠지요. 우리 뇌는 우리 몸에 필요한 에너지의 양을 스스로 잘 알고 있거든요. 숨을 쉬고, 먹고, 뛰어놀고, 공부하고, 잠을 자는 데 필요한 에너지 말이에요.

하지만 슬프게도 지금은 날씬이 물질이 많고 적고와 상관없이, 이 물질이 하는 말을 뇌가 제대로 못 듣게 되었어요. 왜냐하면 우리가 먹는 많은 먹을거리들이 화학 물질에 오염되었기 때문입니다. 과자, 사탕, 아이스크림, 콜라, 피자, 햄버거 들이 그 대표 주자예요. 향긋한 딸기 냄새, 발그스름하고 먹음직스러운 색깔, 입에서 목으로 부드럽게 넘어가는 느낌…… 이런 효과를 내기 위해 정제 설탕, 인공 조미료, 인공 색소, 유화제, 안정제, 산화 방지제 같은 화학 물질이 듬뿍 들어가지요. 이런 첨가물들은 날씬이 물질이 뇌에 보내는 신호를 헷갈리게 만듭니다. 그뿐 아니라 암을 일으키거나 신경을 상하게 만들기도 해요.

알록달록 색이 예쁜 음료수를 보세요. 300밀리리터짜리 음료수 한 병에는 30그램 정도의 정제 설탕이 들어가요. 어떤 것은 40그램이나 들어가기도 하지요. 얼마나 되는 양인지 잘 감이 안 온다고요? 이 정도면 큰 숟가락으로 두 숟가락이나 되는 양이에요.

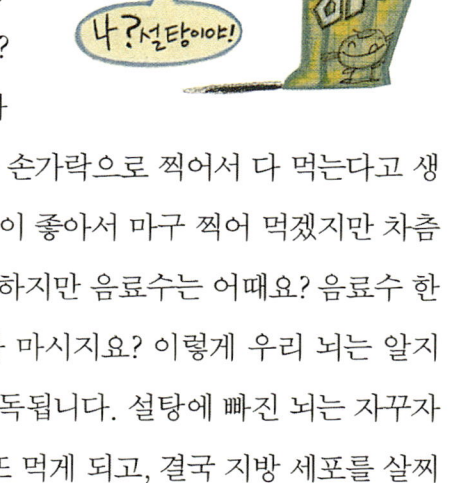

이 설탕을 손가락으로 찍어서 다 먹는다고 생각해 보세요. 처음에는 달콤한 맛이 좋아서 마구 찍어 먹겠지만 차츰 느끼하고 역해져서 먹지 못해요. 하지만 음료수는 어때요? 음료수 한 병은 눈 깜짝할 새에 거뜬하게 다 마시지요? 이렇게 우리 뇌는 알지 못하고 먹는 정제 설탕에 점점 중독됩니다. 설탕에 빠진 뇌는 자꾸자꾸 단 것을 찾아요. 그러다 보면 또 먹게 되고, 결국 지방 세포를 살찌워 그 수가 늘어나게 만들어요.

밥 먹는 자세가 좋지 못한 것도 비만으로 가는 또 하나의 지름길입니다. 텔레비전을 보거나 인터넷을 하면서 음식을 먹는 습관은 정말 안 좋아요. 무언가를 집중해서 볼 때 뇌는 아주 바빠요. 그러다 보니 다른 일에는 신경을 덜 쓰게 되지요. 보는 것에 빠져 있으면 시상 하부에 배가 부르다는 신호가 와도 시상 하부는 잘 알아채지 못합니다. 배가 이미 찼는데도 생각 없이 계속 먹어요. 이런 일이 자꾸 되풀이되면 우리 뇌는 배부름을 알리는 신호에 둔해져요. 밥 한 공기면 배가 찰 것이 두세 공기를 먹어도 배부른 느낌이 안 드는 거예요.

어른은 살이 찌면 지방 세포의 크기만 늘어나지만, 어린이 때는 지방 세포의 개수 자체가 늘어난대요. 그러면 어른이 되어서 남들보다 살이 쉽게 찌고, 살을 빼기도 훨씬 힘이 들어요. 그렇다고 무턱대고 밥을 안 먹거나, 대충 남의 말만 듣고 무리하게 살을 빼는 것도 문제예요. 여러분은 몸이나 뇌가 아직 다 자라지 않았기 때문에 영양소가 골고루 들어 있는 음식을 충분히 먹어 주어야 하거든요. 그러니까 몸무게를 줄이려 할 때는 꼭 의사 선생님이나 전문가의 도움을 받고, 더불어 적당한 운동을 하는 것이 좋습니다.

짧은 시간에 갑자기 살을 빼야겠다고 생각하는 건 정말 위험해요. 운동이 자연스러운 생활 습관이 되도록 길게 꾸준히 하고, 올바른 식습관을 잘 지킨다면 여러분은 진짜 '몸짱'이 될 거예요.

13 _ 스트레스
적당한 스트레스는 약

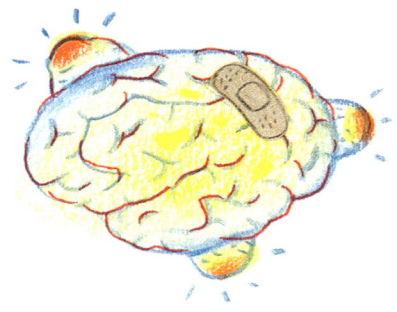

"이 살 좀 봐. 요즘 자꾸 살이 쪄서 스트레스 받아."

"엄마 잔소리 때문에 받는 스트레스가 장난 아니야."

"이번 사회 시험 범위는 외울 게 너무 많아. 진짜 스트레스 백만 배야. 잘 외워지지도 않아."

어떤 상황이 보통 때와 같지 않을 때, 낯설고 새로운 무언가를 해야 할 때, 몸과 마음이 모두 긴장해요. 이럴 때 우리는 스트레스를 받는다고 하지요. 이미 알고 있겠지만 스트레스는 몸에 해로워요. 스트레스 때문에 때로는 가슴이 콩닥콩닥 뛰기도 하고, 때로는 밥맛도 없고 힘이 쏘옥 빠져요.

　스트레스는 결국 뇌를 해롭게 만들어요. 스트레스와 관련 있는 물질이 평소보다 훨씬 많이 뇌에 전달되면서 신경 세포들이 제대로 활동하지 못하기 때문이랍니다. 또 기억의 뇌를 상하게 해서 기억력도 떨어지죠. 심한 건망증에 시달리는 건 그만큼 스트레스를 많이 받기 때문이기도 해요.

　2003년 2월 18일 대구 중앙로역에 서 있던 지하철 안에서 불이 났습니다. 하필 이때 맞은편으로 다른 전동차 한 대가 들어왔습니다. 불은 막 도착한 이 전동차에까지 옮겨 붙었지요. 정전이 되고 출입문도 닫혀서 전동차 속은 완전히 깜깜해졌어요. 게다가 연기로 가득 차 숨도 제대로 쉴 수 없었습니다. 많은 사람들이 차 안에 갇혀 죽음을 당했어요.

　천만다행으로 목숨을 건진 사람들도 있었어요. 하지만 사고의 후유증은 심각했습니다. 예전처럼 살아갈 수가 없었어요. 집 밖에 나가는 것도 무섭고, 다른 사람들과 편하게 웃으며 이야기 나누기가 겁이 났어요. 잠도 오지 않았습니다. 자더라도 편히 잘 수가 없었어요. 끔찍했던 그날의 상황이 꿈에 다시 나타났으니까요. 중앙로역 근처에는 가고 싶지도 않았어요. 성실했던 학생이 학교에 가는 일조차 할 수 없게 되었습니다. 학교에 가려면 지하철을 타고 그 역을 지나야 했으니까요.

또 2008년 5월에는 중국 쓰촨성에서 큰 지진이 나기도 했지요. 건물이 무너지고 도로는 끊어졌으며 엄청나게 많은 사람들이 죽거나 다쳤습니다. 엄마 아빠를 잃고 눈물을 흘리는 아이, 아이를 잃은 충격에 말문을 닫아 버린 아줌마, 하루아침에 소중한 보금자리를 잃고 통곡을 하는 아저씨…… 끔찍한 자연재해를 당한 사람들의 마음에는 충격과 슬픔, 두려움과 상실감이 가득합니다.

이런 일들은 뉴스에서 보는 것만으로도 끔찍하고 무섭습니다. 그런데 만약 여러분이 직접 이런 일을 겪는다면 얼마나 괴로울까요?

너무너무 충격적인 일을 당하면 그 일은 뇌에 아주 강하게 남습니다. 우리 뇌는 사소한 스트레스에도 영향을 받는데, 더군다나 이런 엄청난 일을 겪으면 오죽할까요. 그런 기억은 오래도록 남아서 그 사람을 괴롭혀요. 심한 스트레스 상황을 겪으면서 병이 된 거예요. 내가 날마다 지나치거나 생활하던 곳이 갑자기 지옥처럼 변했을 때, 그때의 충격과 공포는 감히 떠올리고 싶지도 않습니다. 그냥 잊고만 싶을 거예요. 하지만 잊고 싶어도 잘 잊히지 않아요. 이런 마음의 병을 '외상 후 스트레스 장애'라고 합니다.

심한 공포나 위기 상황에 닥치면, 사람의 뇌는 다른 생각보다 우선

스트레스

99

살아야 한다는 본능에 집중해서 위기 대처용 체제로 순식간에 바뀝니다. 그런데 충격이 너무 크면 뇌는 위기를 벗어나서도 그날, 그 시간에 멈추어 있게 되는 거예요.

뭐, 앞에서 이야기한 것을 자세히 기억하려고 애쓰지는 마세요. '이런 경우도 있구나' 하는 정도로만 알아 두세요. 혹시…… 이 끔찍한 이야기에 스트레스 받은 건 아니겠지요?

앞에서 말한 끔찍한 스트레스 말고, 일상생활의 스트레스에서 우리 뇌를 지키려면 어떻게 해야 할까요? 낯설고 새로운 환경에 재빨리 적응하는 거예요. 처음에는 어렵고 긴장되기만 하던 상황도, 자주 경

험하다 보면 어느 때부터는 더 이상 긴장하지 않게 되잖아요. 이것은 곧 우리 뇌가 처음에는 불편했던 그 환경을 이제는 잘 기억하고 견디게 되었다는 뜻이에요. 스트레스를 주는 상황에 익숙해지기! 그것이 하나의 비결이에요.

충격적인 일로 인해 생긴 심한 스트레스 장애에 대처하는 방법도 크게 다르지 않아요. 잊고 싶어도 자꾸 떠오르는 끔찍한 기억을 애써 잊으려고 하면, 그것이 오히려 또 다른 스트레스를 낳아요. 그러니 억지로 잊으려고 애쓰지 않는 거예요. 오히려 그 힘들고 아픈 기분과 기억에 익숙해지도록 노력해 보는 거지요. 더불어 적절한 약물 치료를 받으면 분명 좋아질 거예요. 왜냐고요? 우리 뇌는 유연하고 똑똑하니까요. 그리고 정말 중요한 것 하나, 바로 주위 사람들이에요. 가족과 이웃이 든든하게 버티고 힘을 나누어 준다면 마음의 상처는 분명 더 빨리 나을 거예요.

그럼 한번 연습해 볼까요? 시험이 코앞이라 긴장되거나, 모둠 발표를 앞두고 유난히 목소리가 떨리고 얼굴이 빨개질 때 하면 효과 만점인 스트레스 퇴치법!

먼저 거울 앞에 서서 스스로에게 말해요.

"나, 떨고 있구나. 사실 말이야, 나는 내일 시험이 너무 걱정돼."

그런 다음, 자기 얼굴을 보고 살짝 웃어 보는 거예요. 찡그린 눈썹,

쭈뼛거리는 입술이 무척 귀여울 거예요. 공주병이 아니냐고요? 괜찮아요. 원래 나는 소중한 거예요. 그렇게 웃다 보면 힘이 들어간 어깨가 내려가고, 빳빳했던 근육이 느슨해져요. 긴장을 푸는 데는 웃음이 최고랍니다.

그래도 긴장이 풀리지 않는다면? 그럼 이 말을 처방해 주겠어요.

"적당한 스트레스는 약이다."

어떻게 보면 우리는 이러한 스트레스 때문에 좀 더 나은 사람이 되려고 노력하기도 하니까요.

14 _ 중독
홀리면 '홀릭' 된다

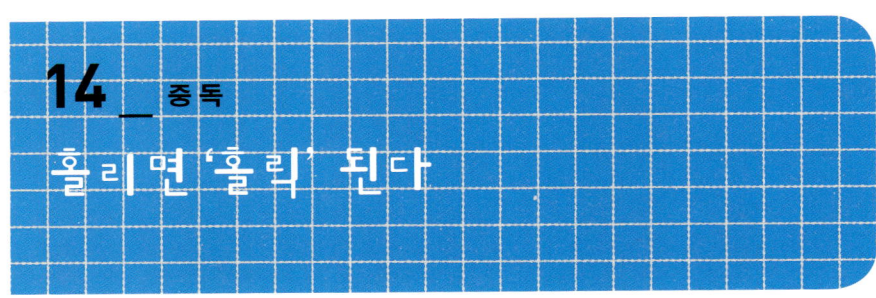

어릴 적에 술을 드시고 집에 돌아온 아빠를 보았어요. 아침에 출근하실 때 단정하게 매어 있던 넥타이는 어디론가 사라졌고, 와이셔츠 단추도 풀어져 있어요. "우리 강아지들! 오늘 학교에서 재미있었어?" 하고 묻는 목소리도 옆집에 들릴 만큼 높아요. 눈은 반쯤 감기고 입은 헤벌쭉 웃고 있어요. 냄새도 고약하고 수염 때문에 볼도 따가웠지만, 용돈을 턱 하고 기분 좋게 주셔서 조금은

흐뭇하기도 했지요.

　우리 아빠만 그런 게 아니에요. 누구든 술을 마시면 보통 때와는 조금 달라집니다. 어떤 사람은 갑자기 거칠게 행동하거나 목소리가 커집니다. 원래는 얌전하던 사람이 부끄러움도 타지 않고 아무렇게나 춤을 추기도 하지요. 금방 울었다가 또 금방 웃는 사람도 있어요.

　이건 바로 술의 성분인 알코올 때문입니다. 알코올은 대뇌 겉질을 마비시켜 신경 세포가 하는 일을 방해하거든요. 그래서 신경 세포들끼리 전기 신호를 주고받는 게 엉망이 되지요. 신호등이 고장 나면 차들이 잘 가지 못하고 서로 엉켜 길이 막히거나 사고가 나는 것처럼 말이에요. 그래서 술에 취한 사람은 평소에 하지 않던 행동을 하는 거예요.

　술은 몸에도 해롭습니다. 간이나 위 같은 소화 기관에 무리를 주지요. 또 취한 채로 운전하면 보는 능력이나 판단 능력이 떨어지고, 무엇보다 반응 속도가 느려지기 때문에 교통사고가 나기 쉬워요. 음주 단속에 걸린 사람에게 벌을 내리는 건, 당장 사고가 나지 않았더라도 그만큼 사고가 날 가능성이 크기 때문이에요.

　사람들은 안 좋은 것인 줄 알면서도 끊지 못할 때가 있습니다. 담배나 커피를 좋아하는 어른들 대부분은 완전히 습관이 되어 그것을 끊지 못해요. 중독된 거예요. 사실은 나도 커피 중독입니다. 글이 잘 안 써질수록, 재미있는 생각이 안 떠오를수록 커피를 더 많이 마셔요. 너

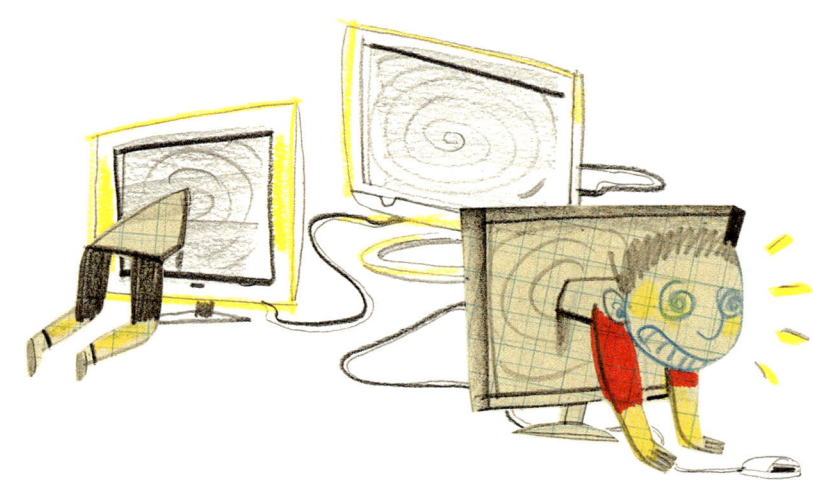

무 마셔서 속이 부글부글할 때조차 말이죠.

　여러분 가운데에도 이런 친구가 혹시 있을지 모르겠네요. 인터넷이나 컴퓨터 게임을 못 하면 단 하루도 지낼 수 없는 경우 말이에요. 집에서 부모님이 못 하게 하면 피씨방에 가서 몰래 하고 오기도 해요. 시골 친척집에 놀러갔는데 인터넷이 안 되면 안절부절못하고, 그러다 결국에는 아예 시골에 가지 않으려고 하는 친구도 있을 거예요. 이런 것도 중독이에요.

　중독은 뇌가 어떤 것에 길들여지는 것입니다. 컴퓨터 게임, 술, 도박, 마약, 담배뿐만 아니라 쇼핑이나 일에 중독되기도 합니다. 무언가에 중독된 상태를 영어로는 '홀릭(-holic)'이라는 말을 붙여서 표현해요. 알코홀릭(술 중독자), 워커홀릭(일 중독자) 같은 말을 들어 본 적 있을 거예요. 컴퓨터 게임에 중독된 사람은 게임을 할 때 뇌에서 기쁨을 느끼게 하는 물질이 나와요. 게임을 하는 동안은 기분이 좋아요. 하지만 문제는 그다음이에요. 게임을 그만하거나 할 수 없게 되면 기분이 나빠져요. 기쁨을 느끼게 하는 물질이 더는 안 나오니까요. 마음이 괴롭고 불안해져요. 심하면 고통을 느끼기도 하고요.

이런 일이 반복되면 뇌는 더 큰 자극을 원합니다. 예전에는 게임을 십 분만 해도 즐거웠던 것이, 나중에는 이십 분을 해도 별로 기쁘지 않고 한 시간을 해야 기쁨을 느낄 수 있어요. 한 시간이 두 시간이 되고, 두 시간은 네 시간, 그러다가 게임을 하는 시간이 점점 길어져서 밤을 꼴딱 새우기도 합니다. 피씨방에서 며칠씩 날을 새고 게임만 하다가 죽은 사람 이야기를 뉴스에서 봤을 거예요. 아주 심각하게 게임에 중독된 경우예요. 밥을 안 먹어도 배가 안 고프고 오랫동안 컴퓨터 앞에 앉아 있어도 허리가 아픈 줄 몰라요. 무서운 일이에요.

그렇다고 중독에서 영 헤어나지 못하는 것은 아닙니다. 방법은 있어요. 그것은 중독되기 전의 상태로 뇌를 길들이는 것이에요. 아주 오랫동안 술이나 게임 등 중독된 것을 멀리해야 해요. 술을 마시지 않아도, 게임을 하지 않아도 기쁨을 느낄 수 있게 말이지요. 전문가의 상담을 받고 적절한 치료 프로그램에 들어가기도 해요. 물론 이 모든 과정을 견디기는 아주아주 힘이 들지요. 술을 마시거나 게임을 하면

금세 기분이 좋아질 텐데, 그걸 포기하는 일은 여간한 의지를 가지고서는 어려우니까요.

혹시 이 글을 읽으면서 슬금슬금 걱정되는 친구들이 있나요? '게임만 하고 살면 좋겠다' 하고 늘 생각했다가, 아마도 이 글을 읽고 뜨끔했겠지요.

아래 문항을 읽고 자기 이야기라고 생각되는 것에 표시해 보세요.

☐ 게임을 하는 것이 친한 친구와 노는 것보다 더 좋다.
☐ 게임 속의 내 캐릭터가 실제의 나보다 더 좋다.
☐ 내 캐릭터가 다치거나 죽으면 실제로 내가 그렇게 된 것 같다.
☐ 게임을 하느라 학교 숙제를 할 시간이 없다.
☐ 게임하는 시간이 점점 길어진다.
☐ 거의 하루도 빠짐없이 게임을 한다.
☐ 게임하는 시간을 줄이려고 하지만 잘 안 된다.
☐ 게임을 안 하겠다고 마음먹고도 다시 하게 된다.
☐ 게임을 하면서 전보다 짜증이 늘었다.
☐ 게임을 못 하면 하루가 지루하고 재미없다.
☐ 게임을 안 할 때도 게임 생각이 난다.
☐ 누가 게임을 못 하게 하면 화가 난다.

여러분은 몇 개나 표시를 했나요? 여섯 개가 넘는다면 꽤 걱정스러운걸요. 물론 하나만 표시했더라도 조심하는 게 좋고요. 아, 그렇다고 걱정의 늪에 빠져서 혼자서만 고민하지는 마세요. 선생님이나 부모님께 솔직하게 고민을 털어놔요. 먼저 이야기를 꺼내기가 쑥스러울 수도 있어요. 하지만 그건 참 용기 있고 멋진 행동이에요. 도와 달라고 손을 내미는 건 멋진 사람만 할 수 있는 일이거든요.

15 _ 치매

어느 할머니 이야기

어느 할머니 이야기예요.

할머니는 한복을 즐겨 입어요. 결혼식장에서 신랑 신부의 부모님이 차려입는 그런 고급 한복은 아니에요. 하지만 할머니는 오래되고 낡은 한복이라도 참 맵시 나게 입었지요. 얼굴빛이 하얘서 무슨 색 한복이나 잘 어울렸지만, 특히 하늘빛 치마저고리가 아주 예뻤어요. 시집간 딸이 손자들을 데리고 찾아오면 할머니는 거기에 무명 소창으로 만든 앞치마 차림으로 맞이했어요.

치매

　부처님 오신 날, 오랜만에 가까운 절에라도 다녀올라치면 할머니는 새 단장을 합니다. 경대 앞에 앉아 참빗으로 가르마를 타고 얌전히 쪽을 짓지요. 그다음에는 동백기름으로 앞머리를 손질하고, 빼닫이장 깊숙이 넣어 둔 외출용 원피스를 차려입어요. 퀴퀴한 옷장 냄새와 알싸한 좀약 냄새가 옷에 묻어났지만 그것도 기분을 새롭게 했답니다. 양장을 하고도 할머니 양말은 여전히 하얀 버선이에요. 구두는 신는 법이 없고, 어디를 가나 새하얀 고무신을 꿰고 나섰답니다. 할머니는 항상 단정하고 총기 넘치는 모습이었습니다.

　일찍이 남편을 여의었지만 혼자서 딸 둘과 아들 둘을 가르치고 길러 결혼도 시켰습니다. 자식들이 도시로 떠나자, 할머니는 오래된 시골집에서 홀로 개 한 마리를 벗 삼아 살았어요. 마당에 작은 포도나무를 심고, 한쪽 구석에는 금잔화도 심었습니다. 할머니는 사철나무도 아주 잘 다듬었습니다. 특별할 것 없는 나날이었지만, 할머니는 항상 흐트러짐이 없었습니다.

　그런데 할머니에게 이상한 일이 생겼습니다. 빌려 주지도 않은 돈을 동네 친구들에게 갚으라고 하고, 분명히 잘 두었다고 생각한 물건들도 늘 찾아 헤맸습니다. 친척의 결혼 같은 중요한 집안일을 완전히 잊어버리기도 했습니다. 처음에 자식들은 어머니가 나이 들어 기억력이 희미해진 탓이라고 대수롭지 않게 여겼습니다. 간혹 조심스럽

게 할머니의 실수를 말씀드리면 할머니는 얼른 입을 가리고 웃어넘겼습니다.

하지만 할머니의 착각은 점점 더 심해졌습니다. 오랜만에 찾아온 사위를 아들로 잘못 알고 한참 이야기했습니다. 방학 때 찾아온 손녀한테 "아가, 너는 누구냐? 이름이 뭐여?"라고 묻기도 했습니다. 심지어 아무도 없는 방에 혼자 앉아 누군가와 이야기를 나누기도 했어요.

자식들은 그제야 어머니의 상태가 아주 심각하다는 걸 깨달았어요. 병원에 어머니를 모시고 가서야 그것이 치매, 그중에서도 알츠하이머병이라는 걸 알았습니다.

우리가 평소에 가끔씩 무언가 깜빡 잊어버리는 건망증은 병이 아닙니다. 잠깐 동안 기억을 불러내지 못하는 것뿐이에요. 기억이 사라진 건 아니지요. 인간이라면 누구나 뭔가를 기억했다가 금세 잊어버리곤 합니다. 하지만 좋아하는 친구, 음식, 놀이에 대해 말할 수 있고, 걷는 법이나 양말을 신는 법도 알고 있어요. 기억하고 있는 거죠. 깜빡 잊어버리는 것보다 기억하고 있는 것이 훨씬 더 많으니, 우리 뇌한테 잘하고 있다고 칭찬해 줘도 되지요. 하지만 치매는 건망증과 달라요. 치매는 기억이 아예 지워지는 거예요. 치매 증상의 대부분이 알츠하이머병 때문에 나타나요. 나이가 들수록 걸리기 쉬운 병이지요.

1901년 독일, 아우구스테 데테르라는 부인이 남편 손에 이끌려 프랑크푸르트 정신 병원에 왔습니다. 나이는 쉰한 살이었어요. 부인은 남편의 이름은커녕 자기 이름도 잘 기억하지 못했습니다. 날이 갈수록 기억력과 정신력이 나빠졌습니다. 나중에는 똥오줌도 못 가리고 알 수 없는 말만 중얼거리며 그저 먹을 것만 달라고 보챘습니다. 아우구스테 부인을 담당했던 알츠하이머 박사는 부인의 병이 그때까지 봐 왔던 정신병과는 다르다고 생각했습니다. 부인이 죽자 박사는 부인의 시체를 해부하여 뇌를 조사했습니다. 부인의 대뇌는 알 수 없는 갈색 덩어리에 뒤덮여 있었습니다. 신경 세포는 파괴되었고 정상 뇌보다 쪼그라들어 있었습니다. 이렇게 치매의 한 원인을 발견한 알츠하이머 박사의

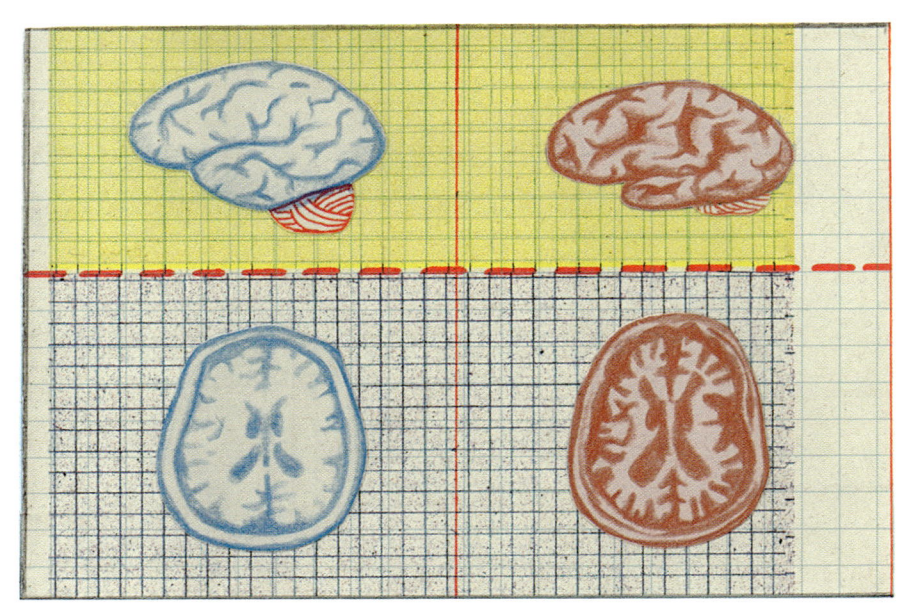

| 건강한 사람의 뇌 | 알츠하이머병 환자의 뇌 |

이름을 따서, 이 병에 알츠하이머병이라는 이름이 붙었습니다.

　알츠하이머병 환자의 뇌에서는 신경 세포가 점점 죽어 갑니다. 그 뒤 끈적끈적한 갈색 물질이 대뇌 겉질을 덮으면서 뇌가 위축되지요. 처음에는 건망증과 비슷하게 단기 기억력이 약해져요. 금방 일어난 일인데 돌아서면 잊어버려요. 하지만 상태는 점점 나빠져서 아주 오랫동안 알고 있던 것도 기억하지 못하고, 심지어 자기 이름, 식구들의 얼굴도 잊어버려요. 나빠지는 것은 기억력뿐이 아니에요. 자기 마음과 기분을 스스로 조절하지 못하게 돼 버리죠. 사랑하는 사람한테 욕을 퍼붓고 심한 말을 입에 담아요. 성격도 급해지고 난폭해집니다. 뇌가 제대로 활동하지 못하면서 나중에는 몸을 가누는 것도 힘들어져요. 똥오줌도 가리지 못해요. 아기처럼 아무 데서나 볼일을 보기도 합니다.

치매는 환자 스스로에게도 고통스럽지만, 그 가족들에게도 아주 힘든 병입니다. '이 사람이 정말 내가 사랑하던 남편인가?' '내가 알던 그 자상한 어머니가 맞나?' 하는 생각이 들 정도니까요. 또 치매는 아주 오랜 시간을 두고 천천히 진행되기 때문에 가족들도 그만큼 더 힘들어요.

아직까지 알츠하이머병을 비롯한 치매를 완벽하게 치료하는 방법은 알려지지 않았어요. 하지만 지금 이 시간에도 과학자들은 실험실에서, 의사들은 병상에서 환자들을 만나며 치매를 치료할 방법을 열심히 찾고 있어요. 그러니 언젠가는 치매 환자와 그 가족의 고통이 사라지는 날이 오겠지요.

한복 맵시가 고왔던 그 할머니는 바로 나의 외할머니입니다. 할머니는 십여 년 동안 알츠하이머병을 안고 살다가 하늘나라로 가셨습니다. 사랑해요, 할머니.

3부 • 제대로 알기

16 _ 뇌사
챔피언이 남긴 크리스마스 선물

요삼이라는 소년이 있었어요. 소년에게는 꿈이 있었지요. 권투 챔피언이 되어 챔피언 벨트를 거머쥐는 것이었어요. 소년은 꿈에 다가가려고 노력했어요. 링에 올라가는 것은 늘 목숨을 건 싸움이었어요. 권투는 쓰러지면 지는 거예요. 수없이 다치고 온몸에 피멍이 들어도, 소년은 권투 선수로서 사람들에게 널리 인정받고 싶었어요.

2007년 12월 25일, 최요삼 선수는 인도네시아에서 온 헤리 아몰 선수와 시합을 앞두고 있었습니다. 그는 이미 챔피언이었어요. 하지만 챔피언 자리를 지키기 위해서는 다른 선수와 또 겨루고 이겨야만 했지요. 사람들에게 통쾌한 승리를 크리스마스 선물로 전해 주고 싶었습니다. 기자들 앞에서 멋진 자세로 사진도 찍었습니다. 그것이 챔피언 최요삼의 마지막 모습이 될 줄은 그 누구도 몰랐습니다.

최요삼은 12라운드까지 최선을 다해 싸웠어요. 그런데 경기가 거의 끝나 갈 무렵, 그는 헤리 아몰에게 턱을 맞고 말았습니다. 아몰의 주먹은 온몸의 힘을 싣고서 최요삼의 얼굴로 날아갔어요. 바윗돌로 내리치는 것 같은 커다란 충격이 최요삼의 턱과 뇌로 고스란히 전해졌습니다. 2~3밀리미터 정도밖에 안 되는 얇은 턱뼈 바로 뒤에 뇌가 있거든요. 최요삼의 뇌는 주먹의 힘에 밀려 머리뼈 속에서 몹시 흔들렸습니다.

"원, 투, 쓰리……"

심판이 숫자를 셉니다. 만일 '텐(10)'을 셀 때까지 최요삼이 일어서지 못하면 승리는 헤리 아몰에게 돌아가요. 충격으로 눈앞이 희뿌옇고 술을 마신 것처럼 어지러웠지만, 최요삼은 이를 악물고 몸을 일으켰습니다. 무시무시한 의지의 힘이 그를 움직인 거예요.

결국 최요삼은 3 대 0으로 헤리 아몰을 이겼습니다.

"글러브, 풀어 줘."

최요삼 선수가 간신히 입을 떼고 한 말입니다. 그의 마지막 말이기도 하고요.

최요삼은 경기가 끝나자마자 의식을 잃고 풀썩 쓰러져 버렸습니다. 챔피언 벨트를 차 보지도 못했습니다. 구급차가 와서 급히 병원으로 실려 가 수술을 받았습니다.

최요삼이 쓰러진 지 9일째 되는 날 아침, 그가 입원한 병원에서는 신경과 의사와 의료 윤리 담당자 등 아홉 명으로 된 뇌사 판정 위원회가 꾸려졌습니다. 이들은 최요삼 선수가 곧 깨어날 수 있을지, 아니면 시간이 지나도 되살아날 가망이 없는 상태, 곧 뇌사 상태인지 판단해야 했습니다.

'뇌사'란 말 그대로 뇌가 죽었다는 뜻입니다. 더 정확하게 말하면 뇌의 기능이 멈춘 것이지요. 대뇌는 물론 소뇌, 뇌줄기도 일을 하지 못하는 것입니다. 흔히 뇌사와 식물인간 상태를 같은 것으로 알고 있지만, 그건 잘못 알고 있는 거예요.

식물인간은 뇌 가운데서도 대뇌만 멈춘 상태예요. 호흡, 소화, 심장 박동 기능을 맡고 있는 뇌줄기는 살아 있습니다. 둘 다 똑같이 침대에 가만히 누워 잠든 것처럼 보이지만, 식물인간 상태에 있는 사람은 스스로 숨을 쉬고 손발을 조금씩 움직이기도 합니다. 물론 보통 사람처럼 컵을 집어 들거나 얼굴을 쓰다듬는 것 같은 목적이 있는 행동은 하지 못해요. 의식이 없이 하는 움직임일 뿐이지요. 아주 가끔, 정말 아주 가끔씩은 몇 년 동안 식물인간 상태에 있다가 어느 날 문득 깨어나는 사람도 있어요. 기적 같은 일이지요.

하지만 뇌사 상태인 사람은 식물인간 상태에 있는 사람과는 달라요. 인공호흡기가 없으면 스스로 숨을 쉴 수 없습니다. 인공호흡기를 달아도 뇌 기능이 완전히 멈췄기 때문에 몸속 기관, 특히 심장의 활동도 곧 멈추게 되어 오래 살지 못해요. 아무리 길어도 몇 주를 못 버팁니다. 그래서 뇌사 판정을 하게 되는 것이지요.

전문 의사 세 명을 포함한 뇌사 판정 위원회가 열리면, 환자의 상태를 자세히 관찰하고, 여러 가지 검사 결과를 놓고 토론을 합니다. 환

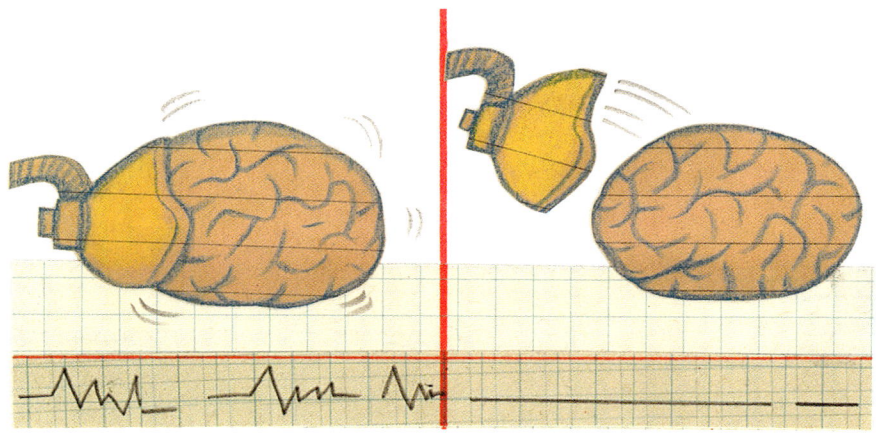

자가 뇌사 상태인지, 아니면 다시 일어날 가능성이 있는지를 알기 위해서입니다. 뇌사 판정 위원회의 의사들이 아무리 전문가라 하더라도, 사람의 죽음을 두고 그 시기를 판단하는 일은 무척이나 어렵고 괴로운 일입니다. 그만큼 회의는 신중하고 엄숙할 수밖에 없어요.

최요삼 선수는 뇌사 판정 위원회가 열린 그날 뇌사 판정을 받았습니다. 가족들은 그와 마지막 작별 인사를 나누어야 했습니다. 애틋한 마음을 그와 직접 나눌 수는 없었지만, 그가 가족들에게 얼마나 소중하고 귀한 사람이었는지 들려주었습니다.

그런 다음 최요삼 선수는 수술실로 옮겨졌습니다. 최요삼 선수의 가족들은 평소 남을 돕고 싶어하던 그의 뜻에 따라 장기 기증을 하기로 한 것입니다. 의사들은 그의 몸에서 아직은 살아 있는 심장, 간, 콩팥, 각막 들을 하나하나 조심스레 꺼냈습니다.

한 소년이 챔피언이 되기까지 그를 뛰게 하고 웃게 하고 울게 했던 장기들은 그렇게 여섯 사람의 새로운 몸으로 옮겨졌습니다.

2008년 1월 3일, 최요삼 선수는 아름다운 새 생명을 늦은 크리스마스 선물로 나누어 주고 떠났습니다.

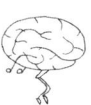

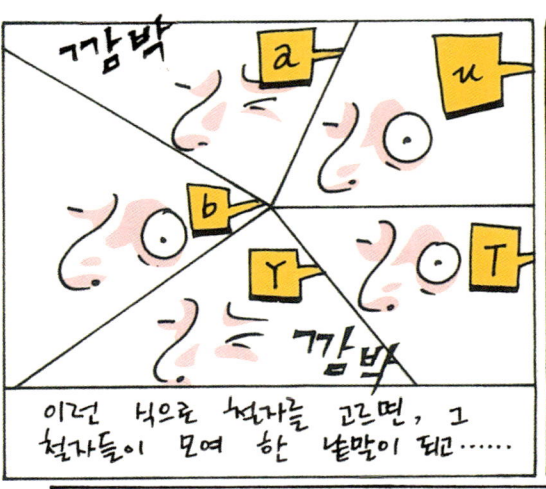

4부 "잘 사귀기 뇌, 미래를 그리다"

17 _ 인간 대 컴퓨터
체스 챔피언, 컴퓨터와 맞서다

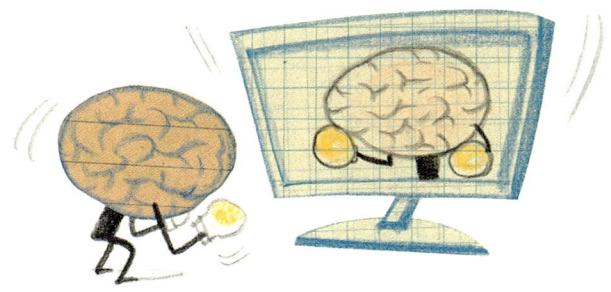

만약 이 세상에 있는 컴퓨터를 모조리 모아 하나로 연결한다면 과연 이것은 몇 사람의 뇌를 합친 것과 같을까요?

한 천만 명쯤을 합치면 될까요? 일억 명? 아니면 지구에 사는 사람 수만큼?

베르나르 베르베르의 소설 『뇌』에서는 "한 사람의 뇌"라고 답합니다. 사람의 뇌는 세상 모든 컴퓨터를 합친 것만큼이나 복잡한 체계를 지니고 있다는 말이지요.

그럼 컴퓨터가 인간을 이길 수 없다는 뜻일까요?

이 소설에서는 그렇게 간단히 말하기 어렵다고 합니다. 정보를 처리하는 속도는 컴퓨터가 훨씬 뛰어나거든요. 컴퓨터의 정보 처리 속도는 사람과는 비교할 수 없을 정도로 빨라요. 열 배, 백 배, 천 배는 빠르지요.

그럼 컴퓨터가 인간을 이길 수 있다는 것일까요?

이 소설에서는 그 또한 간단히 말하기 어렵다고 합니다. "우리 인간은 1초당 수백 가지 연산을 동시에 실행하지만, 그에 비해 컴퓨터는 기껏해야 열 가지 정도의 연산을 동시에 실행할 뿐"이라고요.

인간과 컴퓨터가 실제로 누가 더 머리가 좋은지 대결한다면 어떤 결과가 나올까요?

1996년 2월 10일, IBM사가 만든 컴퓨터 '딥 블루'와 세계 최고의 체스 챔피언 개리 카스파로프가 체스 시합을 벌였습니다. 체스는 우리나라의 장기와 비슷한 서양 놀이예요. 전 세계 사람들은 이 인간과 컴퓨터의 대결에서 과연 어느 쪽이 이길지 흥미진진하게 지켜보았지요. 결과는 3승 2무 1패로 카스파로프의 승리. 이듬해 5월에는 딥 블루보다 더한층 성능이 향상된 컴퓨터 '디퍼 블루'가 개리 카스파로프에게 도전장을 내밀었어요. 그런데 이게 웬일이에요! 이번에는 3승 1

무 2패로 컴퓨터가 이겼습니다. 사람들은 기계가 인간을 지배하는 세상이 올지도 모른다며 몹시 놀라고 걱정했지요.

2003년 1월, 개리 카스파로프는 '딥 주니어'라는 컴퓨터와 다시 한 판 붙었어요. 결과는 1승 4무 1패로 무승부였어요. 그해 11월에 카스파로프는 'X3D 프리츠'라는 컴퓨터와 대결을 벌였는데 이번에도 승부를 가릴 수 없었어요. 전체 결과만 놓고 보면 컴퓨터와 인간의 대결은 무승부인 셈이에요.

그런데 말예요, 체스를 잘 둔다고 해서 머리가 좋다, 지능이 뛰어나

다고 잘라 말할 수 있을까요?

'폰은 한 칸만 나갈 수 있다' '비숍은 대각선 어느 방향으로든 갈 수 있다'와 같이 체스는 게임 규칙이 분명해요. 상대방의 킹을 잡으면 이긴다는 목적도 분명하지요. 규칙과 목적에 마침맞게 컴퓨터를 프로그래밍 해 놓으면, 컴퓨터는 상대방이 사람이든 기계든 어떤 수를 두든 거기에 알맞게 대응할 수 있어요. 무지무지 많은 확률을 계산하여 말을 옮기려면 시간도 걸리고 용량도 커야 하겠지만, 몇 시간이고 지치지 않고 체스를 둘 수 있어요. 반면 사람은 게임 시간이 길어질수록 몸도 지치고 마음도 점점 불안해질 거예요. 집중력도 떨어질 거고요. 그렇게 생각하면 체스 게임은 컴퓨터에 조금 유리할지도 몰라요. 맞아요. 인간의 뇌가 고도로 발달되어 있다고는 하지만, 정보 처리 속도만 보면 컴퓨터를 못 당해요. 게다가 컴퓨터와 정보 기술은 나날이 아주 빠르게 발전하고 있어요. 어, 자꾸 얘기가 사람의 뇌가 컴퓨터보다 못한 쪽으로 흘러가는 것 같네요.

하지만 컴퓨터는 한 가지만 잘해요. 체스 챔피언과 맞붙은 컴퓨터는 체스에서 이기기 위해 말을 옮기는 경우의 수를 엄청나게 가지고 있을 거예요. 하지만 그 컴퓨터가 다른 어떤 것을 할 수 있을까요? 어떤 응용 프로그램을 설치해 주느냐에 따라 다르겠지만, 그래도 설치할 수 있는 프로그램에는 한계가 있어요. 하지만 체스 챔피언은 체스만 둘 줄 아는 게 아니에요. 두 발로 걷고 깡충깡충 뛸 수도 있어요. 노래를 부르거나 구경 온 사람들의 얼굴을 기억하고 알아볼 수 있어요. 시를 짓거나 자전거를 탈 수도 있지요. 포도주를 마시면서 그 향기와 맛을 느낄 수도 있고요. 이처럼 인간의 뇌는 온갖 다양한 일을 다양한 방법으로 동시에 할 수 있어요. 심지어 체스 챔피언 개리 카스파로프는 대통령 선거에도 출마했으니까요.

또 한 가지, 사람의 뇌는 유연해요. 그리고 창의적이에요. 뇌는 자기 몸과 환경에 맞게 스스로를 적응시키고 만들어 나갈 수 있어요. 사람들이 좋아하고 잘하는 일이 저마다 다른 것도 각자 자기한테 맞게 뇌를 발달시켜서 그래요. 한 사람의 뇌는 그 사람을 위해 특별히 만들어진 '세상에 단 하나뿐인 맞춤옷'과 같다고 앞서 말했지요.

만일 우리 뇌에 핵심 기술이라는 게 있다면, 그것은 바로 생명을 유지하는 기술일 거예요. 뇌는 생명체의 일부이므로, 그 생명체가 살 수 있도록 돕는 게 가장 중요한 목적이지요.

컴퓨터는 생명체도 아니고, 스스로 없는 프로그램을 만들고 발달시킬 수도 없어요. 컴퓨터가 사람을 닮았다고 해서 사람이 될 수는 없어요. 로봇도 컴퓨터도 모두 사람이, 사람의 뇌가 만들어 낸 것이에요. 그런데 우리는 가끔 로봇이나 컴퓨터가 우리 뇌를 넘어설까 봐 두려워해요. 우리가 다루지 못할 괴물로 변할까 봐 걱정하는 것이죠.

공상 과학 영화나 소설에서 컴퓨터나 기계가 사람을 지배하는 세상이 자주 그려지는 것도 그런 두려움 때문이에요.

그런데 다른 한쪽에서 뇌 과학자들은 이런 고민을 하고 있답니다.

'어떻게 하면 사람의 뇌에 인공 지능 장치를 연결할 수 있을까?'

인간 대 컴퓨터

4부 • 잘 사귀기

18_ 사이보그
사이보그가 된 과학자

텔레비전을 보다가 깜박 잠이 든 적 없나요? 아니면 침대에 누워 책을 읽다가 그냥 잠이 든 때는요? 그렇게 자다 보면 텔레비전 소리가 거슬려서 짜증이 나요. 형광등 불빛에 눈이 부셔서 불을 꺼야겠다고 생각은 하면서도 반쯤 잠이 들어 일어나기 싫지요. 아침 일찍 일어나 어젯밤 못 다한 숙제를 하려고 알람을 맞춰 둔 적 있지요? 그런데 막상 이른 아침에 '띠디디디 띠디디디' 하는 울림을 들으면 확 꺼 버리고 싶어요. 이럴 때 몸을 움직이지 않고서 생각만으로 텔레비전이나 전등이나 자명종을 끌 수 있다면 얼마나 편할까요?

그런데 조금 있으면 실제로 이런 상상이 현실이 될지도 몰라요. 우리의 뇌와 몸 밖의 기기를 연결하는 연구가 한창이거든요. 뇌가 직접 컴퓨터나 기계에 신호를 보낸다는 건, 우리가 생물과 기계 장치를 결합하여 만든 사이보그처럼 될 수 있다는 말인데…… 놀랍기도 하고 왠지 오싹하기도 해요.

영국의 케빈 워릭 박사는 1998년과 2002년, 두 차례에 걸쳐 세계 최초로 컴퓨터 칩을 자기 몸에 넣는 실험을 했습니다. 자기 자신이 직접 사이보그가 되기로 한 거예요. 이 일은 과학계에서도 충격적인 일

이었습니다. 첫 번째 실험에서, 동전만 한 컴퓨터 칩은 박사의 왼쪽 팔 근육에 들어가 그의 행동 하나하나를 읽고 그 기록을 컴퓨터에 보냈어요.

두 번째 실험에서 박사는 백 개의 실리콘 전극이 달린 컴퓨터 칩을 왼쪽 손목 바로 밑 신경에 넣었어요. 박사의 뇌가 보내는 신경 신호를 그 칩이 받아들여서 몸 밖에 연결된 컴퓨터로 보내면, 컴퓨터가 그 정보를 제대로 해석하고 명령을 실행하는지 알아보는 실험이었어요. 실험은 생각한 대로 이루어졌어요. 박사는 컴퓨터에 손을 대지 않고도 컴퓨터 화면을 바꾸고, 간단한 명령어로 로봇이 움직이게 하는 데 성공했습니다. 몸속의 신경이 보내는 전기 신호만으로 사물을 움직일 수 있다니! 아직 시작 단계이긴 하지만, 이 실험은 뇌나 신경계를 다쳐서 몸을 움직일 수 없거나 앞을 볼 수 없게 된 환자와 가족 들에게 무척 반가운 소식이었습니다.

케빈 워릭 박사의 아내 이레나도 이 실험에 함께했어요. 박사와 마찬가지로 팔에 컴퓨터 칩을 넣고는 자신의 감각 신호를 컴퓨터로 보냈어요. 박사와 이레나는 서로 보이지 않는 곳에 떨어져 있어도, 한 사람이 손을 움직이면 다른 한 사람은 찌릿 하는 전기를 느낄 수 있었습니다.

2008년 4월 말, 서울에서 열린 '월드사이언스포럼'에서 독일의 클

라우스 밀러 교수는 재미있는 동영상을 보여 주었습니다. 영상 속의 실험자는 희한하게 생긴 모자를 쓰고 컴퓨터 앞에 앉아 게임을 했어요. 컴퓨터 스크린 속 벽을 따라 움직이는 직사각형 막대기를 조종하여 날아오는 공을 받아 치는 아주 단순한 컴퓨터 게임이었어요. 그런데 세상에! 실험자가 키보드나 마우스, 조이 스틱도 없이 손가락 하나 까딱 않고 게임을 하는 거예요.

실험자는 무엇으로 막대기를 움직일까요? 비밀은 바로 모자에 있었습니다. 그 모자에는 실험자의 뇌파를 측정하는 기계가 붙어 있었지요. 실험자가 마음속으로 '오른쪽으로 막대기를 움직이자.' 하고

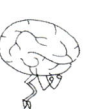

생각하면 뇌의 어떤 부분에서 전기 활동이 일어나요. 그러면 모자는 뇌의 어떤 부위에서 얼마만큼의 전기가 발생했다는 신호를 컴퓨터로 보내고, 컴퓨터는 그 신호를 해석해서 게임기를 조종하는 것입니다. 몸 하나 까딱하지 않고 컴퓨터 게임을 할 수 있다니! 물론 이 게임을 자유자재로 하려면 여러 가지 갖추어야 할 것이 많아요. 공을 칠 때 나오는 실험자의 뇌파 자료를 컴퓨터에 모조리 모아 미리 분석해야 하지요. 실험자도 미리 연습을 아주 많이 해야 하고요. 그러니까 아직 이 기술은 널리 쓰일 만한 정도는 아니에요.

로봇을 만들기 시작한 초기에는 사람과 닮은 로봇을 만드는 일에만 주로 관심을 기울였습니다. 사람처럼 걷고, 사람처럼 팔을 움직이고, 사람처럼 표정을 짓는 로봇 말입니다.

'겉으로 보아서는 사람인지 기계인지 알 수 없을 만큼 사람과 똑같은 로봇을 만들 수 있을까?'

이것이 가장 큰 관심사였어요. 그러다 사람과 같은 모습을 한 로봇은 만들 수 있어도, 사람의 뇌만은 흉내 내는 게 거의 불가능하다는 것을 깨달았지요. 그러면서 자연스럽게 뇌와 인공 지능을 연결시킬 수 없을까를 고민하게 되었어요.

사람의 뇌와 컴퓨터를 연결하는 일은 아주 흥미롭기도 하고, 여러모로 사람들의 생활에 도움이 될 거예요. 그래서 지금도 많은 사람들이 더 나은 기술을 개발하기 위해 노력하고 있어요. 하지만 이때 꼭 짚고 넘어갈 것이 있어요. 그 기술이 인간에게, 그리고 인간 사회에 어떤 결과를 가져올 것인지 깊이 생각해야 해요.

케빈 워릭 박사의 실험을 바라볼 때에도 이 점을 그냥 지나쳐서는 안 돼요. 박사의 실험만으로 당장 무언가 크게 달라지는 것은 아니에요. 하지만 이 같은 연구가 이대로 계속해서 나아간다면 인간의 몸 대부분이 기계로 바뀌는 날이 올지도 모릅니다. 기계만으로 된 로봇을 인간처럼 살아 움직이게 하는 기술이 개발될 수도 있지요. 그렇게 되면 우리는 인간이란 과연 무엇인가 무척 고민스러울 거예요. 생명이 없는 기계와 살아 숨 쉬는 사람을 똑같이 볼 수 있는지, 지금보다 훨씬 더 깊이 생각하고 고민하게 되겠지요.

또 만약에 사람과 사람이 말을 하지 않고도 뇌에서 보내는 전기 신호만으로 의사소통을 하게 된다면? 이 기술을 나쁘게 이용해서 다른 사람의 마음을 자기 마음대로 움직이려는 사람이 나타난다면 어떻게 해야 할까요?

인간은 미래를 알 수 없습니다. 지금 우리가 하는 일이 미래에 어떤 영향을 미칠지 정확하게 잘라 말하기는 힘듭니다. 다만 조심스럽게 예측할 뿐이에요. 그렇기 때문에 과학은 더더욱 신중하고 조심스러워야 해요. 첨단 과학은 날카로운 칼과 같아요. 우리가 칼을 도구로

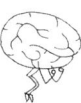

서 잘 사용한다면 삶이 편리해지겠지만, 함부로 사용하면 우리를 다치거나 죽게도 하지요.

여러분이 커서 과학자가 된다면 이런 점을 꼭 기억해 주기 바랍니다. 과학자는 연구실에 틀어박혀 괴물 프랑켄슈타인을 만들어 내는 사람이 아니에요. 자기가 하는 연구가 세상에 어떤 영향을 미칠지 끊임없이 생각해야 해요. 결코 잊으면 안 돼요!

19 _ 뇌가 그리는 세상
뇌 속으로 로그인

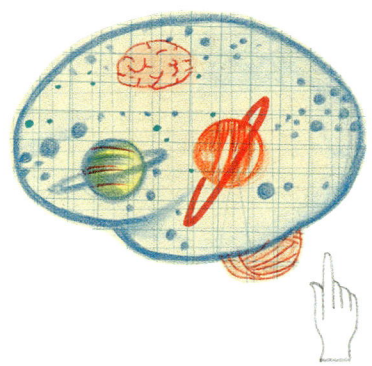

공기가 참 맑은 어느 시골의 밤, 하늘을 올려다봐요. 머리 위로 손이 닿을 수 없을 만큼 멀고 높은 곳에 점처럼 작지만 반짝이는 별들이 있어요. 도시에 살면 먼지와 배기가스, 그리고 가로등이나 자동차, 건물에서 내뿜는 불빛 때문에 좀처럼 이 멋진 별들을 잘 볼 수 없지요. 그러다 다시 땅을 내려다봐요. 우리가 발 딛고 서 있는 지구가 있습니다. 이렇게나 커다란 지구도 우주 안에 있는 천억 개가 넘는 별 가운데 하나예요. 이 멋진 별들이 하

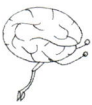

나하나 모여 우주를 이루고 있지요.

우주는 끝을 알 수 없을 만큼 크고 넓어요. 그리고 우리 뇌는 우주와 비슷해요. 우리 뇌를 이루는 신경 세포들은 맨눈으로는 볼 수 없고 웬만한 현미경으로도 보기 어려울 만큼 아주아주 작아요. 그 작은 세계에서 더 작은 세계로, 또다시 더 작은 세계로 점점 더 들어갈수록, 드넓은 우주처럼 신비로운 세계가 펼쳐지지요.

20세기 초반까지만 해도 뇌에 대해서는 별로 알려진 게 없었어요. 그럴 수밖에 없는 것이 예전에는 뇌를 알고 싶어도 연구할 뇌를 구하기가 힘들었잖아요. 사람을 상대로 함부로 실험할 수도 없고요. 의사와 과학자 들도 막연하게 뇌는 이런 기관이고 이렇게 작동할 것이라고 짐작할 뿐이었어요. 말도 안 되는 치료법과 수술로 뇌가 아픈 사람들을 오히려 괴롭히는 일도 있었지요. 대뇌 앞부분을 떼어낸 원숭이가 고분고분히 말을 잘 들었다며, 정신병을 앓는 사람들의 대뇌 앞부분을 잘라내는 수술이 유행하기도 했대요. 세상에, 이런 일이!

그래도 뇌 과학은 조금씩 조금씩 뇌의 비밀에 다가가고 있어요. 20세기 초반에 발명된 전자 현미경과 뇌파 측정기는 뇌 과학 연구를 크게 한 걸음 나아가게 했어요. 전자 현미경으로 그 작은 신경 세포를 자세히 볼 수 있게 되었어요. 또 뇌파 측정기로 뇌가 일할 때 생겨나는 전기 신호를 기록하게 되면서 뇌의 자리마다 하는 일이 다르다는 것이 밝혀졌지요. 그뿐이 아니에요. '머리뼈를 가르지 않고 뇌를 들여다보면 좋겠다'는 의사와 과학자 들의 바람도 이루어졌어요. 다양한 뇌 영상 기계가 개발되어 머리뼈 바깥에서도 뇌의 모양과 그 속을 볼 수 있게 되었어요. 그리고 뇌와 뇌가 하는 일을 보고 읽기가 훨씬 수월해졌지요. 지금까지 우리가 나누어 온 뇌 이야기는 모두 이러한 기술 개발의 바탕 위에 차곡차곡 쌓여 온 거랍니다.

그렇다면 만약 '뇌가 만들어 내는 마음을 읽는 기계'가 있다면 어떨까요? 사람들의 생각과 꿈, 그리고 상상까지도 읽을 수 있다면 말이에요. 가능한 일일까요?

2006년부터 미국의 피츠버그 대학교에서는 해마다 '뇌 활동 해석 경연 대회'가 열려요. 첫 대회에서는 뇌 영상 기계로 찍은 자료만 보고서, 실험 대상자가 영화의 한 장면을 보며 무엇에 집중하고 있는지 알아맞히는 시합이 열렸어요. 아직 걸음마 단계긴 하지만, 이렇게 뇌의 활동을 해석하려는 시도가 활발하게 이루어지고 있답니다.

정말로 그런 기계가 만들어진다면 어떨까요? 의식은 살아 있지만 몸은 움직이기 힘든 장애인처럼, 이 기계의 도움을 받는 사람이 많이 생길 거예요. 어떤 생각을 하는지, 무엇을 원하는지 이 기계가 다 해석해서 다른 사람에게 알려 줄 테니까요. 대화를 하고 일상생활을 하기가 한결 편해지겠지요.

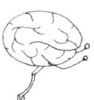

『마이너리티 리포트』라는 공상 과학 소설과 그를 토대로 만들어진 영화가 있어요. 슈퍼컴퓨터가 사람의 마음을 읽고 앞으로 일으킬 범죄 행동을 예상해서 범인을 미리 체포하는 세상을 그렸어요. 그럴듯하지요? 하지만 슈퍼컴퓨터가 그 사람의 마음을 완벽하게 읽었다고 할 수 있을까요? 하루에도 열두 번씩 변하는 게 사람의 마음인데 말이에요. 만약 잘못 읽은 거라면 어떡해요? 범죄를 저지르려고 생각은 했지만 행동으로 옮기지는 않는다면 또 어쩌고요.

우리 마음은 뇌 전체에서 일어나는 거예요. 몇 가지 정보를 가지고 그 마음을 다 알았다고 할 수는 없겠죠. 우리 뇌는 끝없는 우주 같은

세계니까요. 그보다 먼저 마음을 읽는 일 자체가 옳은 일인지 생각해야 해요. 후유, 아직 가야 할 길이 먼 것 같아요.

경제학자들도 뇌에 관심이 참 많아요. 사람들이 물건을 사거나 주식 투자를 하는 것처럼 어떤 경제 활동을 할 때 뇌가 어떻게 움직이는지 연구해요. 그러고는 사람들의 활동을 해석하고 미리 알아맞히기도 하죠. 어떤 기업은 소비자의 뇌에서 일어나는 반응을 분석해서 상품을 만들고 광고에 활용하기도 해요. 사람들의 속마음을 알 수 있다면 자기네 회사의 상품을 하나라도 더 팔 수 있을 테니까요.

경찰관과 수사관도 마찬가지예요. 사건을 목격한 목격자들에게 최면 요법을 써서 생생한 기억을 끌어내지요. 머릿속 어딘가에 숨어 있던 기억을 불러낼 수 있다면, 범인을 잡고 사건을 해결하는 데 큰 도움이 될 거예요.

이렇게 다양한 사람들의 관심 속에서 뇌의 비밀이 조금씩 조금씩 벗겨지고 있어요. 뇌에 대해 알게 되는 것도 점점 많아져요. 하지만 그럴수록 걱정의 목소리도 높아지고 있어요. 뇌 영상을 보면서 다른 사람의 마음을 읽는 것이 과연 올바른 것인지, 그것이 우리 미래에 어떤 영향을 미칠지 등을 끊임없이 고민하고 충분히 생각해야 한다는 것이지요. 마음을 읽는 일뿐 아니에요. 지금은 뇌만 떼어내서 이식하는 것이 불가능하지만, 만일 가까운 미래에 그렇게 할 수 있게 된다

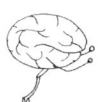

면? 이식 수술을 받은 사람은 자신을 누구라고 생각할까요? 원래 몸의 주인이었던 사람일까요, 아니면 이식한 뇌의 주인이었던 사람일까요? 또 사람에게 동물의 뇌를 이식할 수 있다면요? 이렇게 과학의 발달에 앞서 반드시 생각해야 할 문제들이 꼬리에 꼬리를 물어요.

뇌에 대한 관심이 높아지고 뇌 과학이 다른 분야로 가지를 쳐 나갈수록 새로 생겨나는 문제들도 많을 것입니다. 우리는 그런 문제를 깊이 고민해야 하지요. 다 같이 열심히 생각해 보아요. 올바른 생각과 과학의 발전이 균형을 맞추어서 나아갈 때, 우리가 우리 뇌를 통해 만들어 가는 세상이 아름다울 수 있답니다.

20 _ 에필로그
뇌야, 친구하자

 이제껏 우리는 뇌를 이렇게 저렇게 들여다보면서 뇌에 관해 함께 이야기했어요. 어떤 이야기는 알기 쉬운데, 어떤 이야기는 조금 복잡하고 어렵기도 했을 테지요. 알면 알수록 뇌라는 녀석, 만만하지가 않아요.
 그런데 사실 그런 것은 별 상관이 없어요. 자기가 이해한 만큼만 받아들이면 돼요. 어차피 뇌는 자기가 이해하고 보고 싶은 대로 세상을 보니까요. 우리가 뇌에 관한 여러 이야기를 알든 모르든 뇌는 지금까

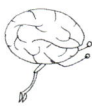

지 열심히 잘 일해 왔어요. 여러분이 뜀박질을 할 때도, 게임을 할 때도, 밥을 먹을 때도 뇌는 제 할 일을 소리 없이 해냈지요. 응애응애 울기만 하는 아기였던 여러분이 어엿한 어린이로 자란 것도 그 증거고요. 또 뇌 덕분에 이 책을 처음부터 끝까지 읽고 이해하고, 그림도 재미있게 보았잖아요. 내가 이 책을 신나게 쓸 수 있었던 것도 뇌 덕분이고요. 물론 가끔은 뇌에 쥐가 날 만큼 어렵고 힘들기도 했지만요.

그러니 우리의 뇌는 칭찬을 잔뜩 받아 마땅해요. 뇌는 사랑받고 칭찬받는 것을 좋아하지요.

"한 알의 사과 속에 몇 그루의 사과나무가 숨어 있는지 아무도 모른다."

내가 좋아하는 어느 만화에 나오는 말입니다. 우리는 모두 꿈을 품고 삽니다. 사과 한 알이 여러 개의 씨를 품고 있듯이 말이에요. 사과가 떨어지면 그 속에 품고 있던 씨가 흙 속에 들어갈 테지요. 그중 어떤 씨는 새가 쪼아 먹을 거예요. 운이 좋은 어떤 씨는 싹을 틔워서 뿌리도 내고 줄기도 뻗겠지요. 그리고 오랜 시간이 지나면 커다란 사과나무로 자라날 거예요.

여러분이 품은 꿈은 어때요? 그 꿈을 이루는 방법을 알고 싶나요? 그건 바로 뇌와 친구가 되는 거예요. 뇌는 내 꿈, 내 비밀, 내 가능성을 알아요.

　맛있고 정성스러운 음식을 만드는 요리사가 되고 싶다면? 어디선가 맛있는 냄새가 풍겨 오면 무슨 요리일까 상상할 테고, 싱싱한 채소나 고기를 보면서 무슨 요리를 만들면 좋을지 생각할 거예요. 그뿐인가요. 아무 맛이 없는 것 같은 물도 실은 저마다 맛이 다르다는 걸 알게 될 거예요. 점점 더 뇌는 여러분의 코가 다양한 냄새들을 구분하게 만들어 줄 테고, 여러분의 혀가 섬세한 맛을 느끼게 해 줄 거예요.

　세상에서 가장 공을 잘 차는 축구 선수가 되고 싶다면요? 여러분이 날마다 공을 차며 연습을 할 때 매번 공과 발이 닿는 느낌이 다를 거예요. 뇌는 공이 발에 닿는 느낌과 세기를 무의식 속에 저장해 둘 거고요. 그러다 어느 날 문득, 원하는 곳에 딱 알맞은 세기로 공을 찰 수 있게 되겠지요.

　여러분이 꿈을 꾸고, 계속해서 그것에 대해 생각하고 행동하고 노력한다면 뇌는 여러분을 도울 거예요. 요리사에게 필요한 후각과 미각과 빠른 손놀림, 축구 선수에게 필요한 근력과 민첩함과 게임의 흐름을 파악하고 그에 맞게 움직이는 능력 등 생각을 멈추지 않고, 또 거기에 필요한 기술들을 몸으로 익힌다면 여러분의 뇌는 거기에 맞게 발달할 테니까요.

　우리 뇌는 여전히 밝혀지지 않은 게 더 많은 신비로운 세계지만, 천

리 길도 한 걸음부터예요. 뇌를 알아가는 한 걸음 한 걸음이 곧 나를 아는 한 걸음입니다. 여러분은 이제 막 한 걸음을 내디뎠어요. 이제 그 뇌로 꿈을 품어요. 행복을 그려요. 뇌는 꿈꾸고 희망을 가질 때 더 기운차게 일하니까요.

행복한 뇌, 행복한 나. 지금부터가 시작이에요.

에필로그

149

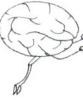

작가 후기

　책은 사람과 사람을 만나게 해 줍니다. 또 여러 가지 생각들을 펼쳐 보이며 세상을 보는 서로 다른 눈이 있다는 것을 알려 줍니다. 지금까지 다른 사람이 쓴 책을 읽기만 했던 제가, 처음으로 책을 썼습니다. 그게 바로 이 책이지요. 그래서 여러분이 이 책을 어떻게 읽고 무엇을 느낄지, 무척 떨리면서도 벅차고 또 기대가 됩니다.

　제가 뇌에 관한 글을 쓰게 된 가장 큰 이유는 어릴 적에 돌아가신 외할머니 때문입니다. 치매로 인해 '나'를 잃고 사는 할머니 모습이 어린 마음에도 무척 가슴 아팠습니다. 그리고 어른이 된 저는 할머니한테 부끄럽지 않은 글을 쓰고자 애썼습니다.

작가 후기

　이 책을 편집하느라 나보다 더 열심히 뇌를 공부한 편집자 천지현 씨와 창비 식구들 모두 고맙습니다. 꼼꼼한 손과 매운 눈으로 더 나은 책을 만들어 주어서요. 또한 알기 쉽고 재치 있는 그림을 그려 준 화가 김은주 씨와 부족한 글이 더욱 정확하고 충실한 책으로 나올 수 있도록 도움 주고 추천의 말을 써 준 정재승 선생님께도 감사드립니다.
　마지막으로 보이지 않는 어린이 독자들, 정말 고맙습니다.

2008년 11월에
임정은

참고 자료

교양으로 읽는 뇌과학 (이께가야 유우지 지음, 이규원 옮김, 은행나무 2005)
구멍 뚫린 두개골의 비밀: 알고나면 재미있는 뇌 이야기 (최적민 지음, 프로네시스 2006)
나는 왜 사이보그가 되었는가 (케빈 워릭 지음, 정은영 옮김, 김영사 2004)
뇌 (질 르 파프 · 나탈리 퓌즈나 지음, 박홍진 옮김, 창해 2002)
뇌 맵핑마인드 (리타 커터 지음, 양영철 · 이양희 옮김, 말글빛냄 2007)
뇌 상 · 하 (베르나르 베르베르 지음, 이세욱 옮김, 열린책들 2002)
뇌: 춤추는 미로 (김미경 엮음, 성우 2002)
뇌와 마음의 구조 (일본 뉴턴프레스 엮음, 뉴턴코리아 2007)
뉴욕타임스가 선정한 교양 5. 과학 II : 의학 · 생물학 · 심리학 (존 라이트 · 앨런 조이스 외 엮음, 이은정 옮김, 이지북 2005)
망각: 알츠하이머병이란 무엇인가? (데이비드 생크 지음, 이진수 옮김, 민음사 2003)
머리가 좋아지는 뇌 과학 세상 (서유현 지음, 주니어랜덤 2008)
물리학자는 영화에서 과학을 본다: 영화 보기의 새로운 즐거움 (정재승 지음, 동아시아 2002)
브레인 스토리: 뇌는 어떻게 감정과 의식을 만들어낼까? (수잔 그린필드 지음, 정병선 옮김, 지호 2004)
슈거 블루스 (윌리엄 더프티 지음, 이지연 · 최광민 옮김, 북라인 2002)
신경심리학입문 (존 스털링 지음, 손영숙 옮김, 시그마프레스 2003)
신비한 몸 (스티브 파커 지음, 박인용 옮김, 사이언스북스 2003)
아내를 모자로 착각한 남자 (올리버 색스 지음, 조석현 옮김, 이마고 2006)
얼굴 (대니얼 맥닐 지음, 안정희 옮김, 사이언스북스 2003)
우아한 노년 (데이비드 스노든 지음, 유은실 옮김, 사이언스북스 2003)
우주로부터의 귀환 (타찌바나 타까시 지음, 전현희 옮김, 청어람미디어 2001)
위대한 뇌 (하비 뉴퀴스트 지음, 김유미 옮김, 해나무 2007)
유뇌론: 뇌를 향한 두렵도록 새로운 시선 (요오로오 타께시 지음, 김석희 옮김, 재인 2006)
인체해부학 (강기선 외 지음, 고문사 2001)
인터넷 게임중독에서 내 아이를 지키는 59가지 방법 (김미화 · 장우민 지음, 평단 2008)
잠수복과 나비 (장 도미니크 보비 지음, 양영란 옮김, 동문선 1997)
정재승의 과학 콘서트 (정재승 지음, 동아시아 2001)
착각하는 뇌 (이께가야 유우지 지음, 김성기 옮김, 리더스북 2008)
춤추는 뇌: 뇌과학으로 풀어 보는 인간 행동의 비밀 (김종성 지음, 사이언스북스 2005)
판타스틱 사이언스: 상상을 현실로 바꾸는 8가지 유쾌한 첨단 과학 이야기 (수 넬슨 리처드 홀링엄 지음, 이충호 옮김, 웅진닷컴 2005)
현대생명과학의 이해: 축약판 (윌리엄 K. 퍼브스 외 지음, 이광웅 외 옮김, 교보문고 2004)
Bulging Brains (Nick Arnold, Illustrated by Tony de Saulles, Scholastic Ltd, 1999)

아이의 사생활 5부작 (EBS, 2008년 2월 25~29일 방송)
잠수종과 나비 (원제 Le Scaphandre Et Le Papillon, 2007)